과학 천재 아이작 뉴턴

NEWTON AND HIS FALLING APPLE
Text ⓒ Kjartan Poskitt, 1999
Illustrations ⓒ Philip Reeve, 1999
All rights reserved.
Korean translation copyright ⓒ 2011 by Gimm-Young Publishers, Inc.
Korean translation rights arranged with Scholastic Ltd through EYA
(Eric Yang Agency)

이 책의 한국어판 저작권은 에릭양 에이전시를 통해 Scholastic Ltd와 독점 계약한
(주)김영사에 있습니다. 저작권법에 의하여 한국 내에서 보호를 받는 저작물이므로
무단 전재와 복제를 금합니다.

앗, 이렇게 재미있는 과학이!

과학 천재 아이작 뉴턴

샤르탄 포스키트 글 | 필립 리브 그림 | 이충호 옮김

주니어김영사

과학 천재 아이작 뉴턴

1판 1쇄 인쇄 | 2011. 6. 30.
개정 1판 1쇄 발행 | 2019. 12. 5.

샤르탄 포스키트 글 | 필립 리브 그림 | 이충호 옮김

발행처 김영사 | 발행인 고세규
등록번호 제 406-2003-036호 | 등록일자 1979. 5. 17.
주소 경기도 파주시 문발로 197(우10881)
전화 마케팅부 031-955-3100 | 편집부 031-955-3113~20 | 팩스 031-955-3111

값은 표지에 있습니다.
ISBN 978-89-349-9848-8 74080
ISBN 978-89-349-9797-9 (세트)

좋은 독자가 좋은 책을 만듭니다. 김영사는 독자 여러분의 의견에 항상 귀 기울이고 있습니다.
독자의견전화 031-955-3139 | 전자우편 book@gimmyoung.com
홈페이지 www.gimmyoungjr.com | 어린이들의 책놀이터 cafe.naver.com/gimmyoungjr

이 도서의 국립중앙도서관 출판시도서목록(CIP)은 서지정보유통지원시스템
홈페이지(http://seoji.nl.go.kr)와 국가자료공동목록시스템(http://www.nl.go.kr/kolisnet)에서
이용하실 수 있습니다. (CIP제어번호 : CIP2019031364)

어린이제품 안전특별법에 의한 표시사항

제품명 도서 제조년월일 2019년 12월 5일 제조사명 김영사 주소 10881 경기도 파주시 문발로 197
전화번호 031-955-3100 제조국명 대한민국 ⚠주의 책 모서리에 찍히거나 책장에 베이지 않게 조심하세요.

차례

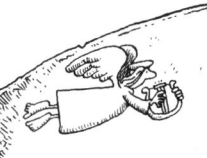

뉴턴은 왜 유명한가?	7
앨리스의 기묘한 이야기	11
힘겨운 출발	13
뉴턴은 도대체 무슨 일을 했는가?	29
아리스토텔레스와 여러 철학자	34
뉴턴의 친구	43
경이로운 발견	45
흑사병	57
미적분: 수학의 기적	64
중력의 비밀을 알아내다	79
앨리스가 힌트를 떨어뜨리고……	91
뉴턴이 그것을 알아차리다	93
색의 비밀	98
수학의 두 번째 기적	106
런던 대화재	110

이단자 뉴턴	115
케임브리지로 돌아가다	117
뉴턴이 엄청나게 유명해지다	125
연금술에 빠지다	136
돌파구를 찾다	141
세 남자가 커피를 마시면서 한 내기	145
에테르의 최후	148
새로운 지원팀	153
위대한 과학책	156
왕들이 문제야!	179
마침내 새 친구들을 사귀다	185
위폐범들의 악몽	192
왕립 학회 회장	199
뉴턴이 얻은 마지막 답	210
뉴턴 이후	212
앨리스 퇴장	215

뉴턴은 왜 유명한가?

약 300년 전에 살았던 뉴턴은 왕도 아니었고 장군도 아니었다. 그렇지만 아이작 뉴턴이라는 이름을 모르는 사람은 거의 없다. 아마 뉴턴은 우주의 시간이 끝날 때까지 영원히 불멸의 이름을 날릴 것이다. 여러분은 그 이유를 알고 있는가?

어느 날, 뉴턴이 정원의 사과나무 아래에 앉아 있었는데…….

만약 여러분이라면 어떻게 했을까?

여러분이 뉴턴처럼 "무엇이 사과를 떨어지게 했을까?"라고 말했다고 상상해 보자. 그러면 어떤 답을 생각할까?

일단 사과가 떨어지는 원인을 알아내겠다고 마음먹자, 그 어떤 것도 뉴턴을 막을 수 없었다. 그 결과 뉴턴은 중력이라는 완전히 새로운 개념을 발견했다.

뉴턴이 유명한 것은 바로 이 때문이다. 그러니 이 책을 집어 든 것을 고마워하라! 답을 아는 데 시간도 얼마 안 걸렸잖아?

음, 그래도 뉴턴에 대해 좀 더 많은 것을 자세히 알고 싶다면, 다음과 같은 이야기도 있다.

- 뉴턴은 왜 꼬챙이를 눈알 뒤쪽으로 찔러 넣어 하마터면 눈이 멀 뻔했을까?
- 뉴턴은 어떻게 빛을 쪼갰을까?
- 뉴턴은 어떻게 완전히 새로운 수학을 만들었을까?
- 뉴턴은 왜 놀라운 것을 발견하고서도 꼭꼭 감춰 두었을까?
- 뉴턴은 왜 어머니를 불태워 죽이려고 했을까?
- 교회는 왜 뉴턴을 미워했을까?
- 위폐범들은 왜 뉴턴을 미워했을까?
- 왜 거의 모든 사람들은 뉴턴을 미워했을까?
- 뉴턴이 아주 많으면 왜 여러분이 죽을 수 있을까?
- 뉴턴은 왜 처형당할 뻔했는가?
- 뉴턴은 누구의 코를 교회 벽에다

대고 문질렀을까?

- 뉴턴은 어떻게 해서 그렇게 똑똑해졌을까?

이 모든 질문에 대한 답이 이 책 속에 들어 있으니 궁금하면 계속 읽어 보라!

두 가지 선택

뉴턴의 생애는 실로 흥미진진하다. 이 책을 읽고 나면 왜 많은 사람들이 뉴턴을 역사상 최고의 과학자로 꼽는지 이해가 갈 것이다. 그런데 눈치 빠른 독자는 이미 짐작했겠지만, 이 책에는 어려운 수학뿐만 아니라 과학에 관한 이야기가 많이 나온다. 여러분은 다음 두 가지 중 하나를 선택할 수 있다.

1. 어려운 수학이나 과학 내용이 나오면 건너뛰고, 쉽고 재미있는 이야기만 읽는다. 뭐, 어렵고 복잡한 건 나중에 기회가 되면 또 읽지 뭐.

2. 전설적인 뉴턴에 관한 것이라면 무엇이든지 완전히 알고 싶으니, 하나도 빼놓지 말고 꼼꼼히 읽는다. 그러면 뉴턴이 얼마나 똑똑한 천재인지 알 수 있을 뿐만 아니라, 여러분 자신도 얼마나 똑똑한지 알게 될 것이다!

자, 이제 이 책을 읽을 마음의 준비가 되었는가? 그럼, 출발!

앨리스의 기묘한 이야기

앨리스가 세상에 모습을 드러낸 것은 엄마가 그랜섬 시장에서 말발굽에 밟혀 와지끈 깨지면서였다. 앨리스는 더러운 자갈들 사이에 흩뿌려진 많은 갈색 씨앗 중 하나에 지나지 않았지만, 뭐 그런 건 아무래도 좋았다. 그 정도야 처음부터 예상했던 것이니까.

저녁이 되어 시장이 조용해지자, 커다란 새 한 마리가 앨리스를 향해 종종걸음으로 다가왔다.(사실 그 새는 어린 참새였지만 앨리스에 비하면 엄청나게 큰 새였다.) 그 다음 순간, 새는 앨리스를 콕 쪼았고, 잠시 뒤 앨리스는 그 새의 따뜻한 뱃속에 들어가 있었다. 앨리스는 운이 참 좋다고 생각했다. 씨앗들은 대부분 운 나쁘게 설치류를 만나 날카로운 이빨에 씹혀 가루가 되고 말거나, 황량한 돌 위에 남아 있다가 그냥 썩어 없어지고 말기 때문이다. 그렇지만 앨리스는 기회를 잡았다!

새가 하늘을 나느라 근육을 열심히 움직이자 창자 속에 있던 앨리스도 그 움직임을 느낄 수 있었다. 창자는 계속 꿈틀거리면서 앨리스를 영양분이 잔뜩 쌓인 곳으로 밀어 보냈다. 앨리스는 자기 몸에서 생명의 불꽃이 활활 타오르는 걸 느꼈다.

그 순간, 갑자기 새의 꽁무니에 붙어 있는 근육들이 요동치더니 앨리스는 포탄처럼 튀어나갔다. 그렇지만 다행히도 물컹한 흰색 똥 덩어리에 싸인 채 안전하게 땅으로 떨어졌다. 주변을 살펴보니 밤이슬에 촉촉하게 젖은 풀밭이었다. 이번에도 운이 좋았다. 필요한 게 주변에 모두 있으니 살아남을 가능성이 크다. 앨리스는 몸속에서 생명의 기운이 꿈틀거리는 걸 느꼈다.

아, 물론 앨리스는 보지도 못하고 듣지도 못하고 냄새도 맡지 못하며 단지 촉감만 약간 느낄 수 있을 뿐이었다. 그런데 앨리스에게는 중요한 것이 하나 있었다. 바로 엄마에게서 물려받은 지식이었다. 앨리스는 생명이 뭔지, 자연이 뭔지, 그리고 사물이 왜 그리고 어떻게 탄생하는지 알고 있었다. 언젠가는 자신도 자식을 낳아 이 지식을 전해 주고 싶었다. 그렇지만 앨리스는 언젠가 전혀 다른 종을 만나 자신이 알고 있는 지식 일부를 나누어 주게 되리라곤 전혀 상상도 하지 못했다.

그 때문에 앨리스는 인류의 역사를 바꾸는 데 크게 기여하지만 그러기까지는 많은 일이 있었다.

힘겨운 출발

출생 증명서

- 이름 : 아이작 뉴턴
- 출생일 : 1642년 12월 25일
- 출생 장소 : 영국 링컨셔 주 그랜섬 근처에 있는 울즈소프
- 아버지 : 아이작 뉴턴(1642년 10월 사망)
- 아버지 직업 : 농업
- 어머니 : 해나 뉴턴(결혼 전 이름은 해나 애스큐)
- 어머니 직업 : 농장 관리자
- 의사의 소견 : 아기는 살기 힘들 것 같음.

뉴턴은 1642년 크리스마스 이브 자정이 지나고 나서 20분 뒤에 태어났는데, 아버지는 뉴턴이 태어나기 두 달 전에 죽었다. 조산아로 태어난 뉴턴은 몸이 1리터짜리 단지에 쏙 들어갈 만큼 아주 작았다고 한다. 이 연약한 아기가 그날 저녁까지 살아 있을 것이라고 생각한 사람은 거의 없었다.

그러나 뉴턴은 갓난아기일 때부터 이미 사람들을 깜짝 놀라게 했다. 보란 듯이 다음 날까지 살아남았기 때문이다(그리고 그 후 84년 동안 건강하게 살아갔다).

뉴턴이 첫 돌을 맞이할 무렵, 영국에는 큰 정치적 격변이 일어났다.

링컨셔 주에서도 전투가 일어났고 집들이 불탔지만, 다행히도 뉴턴 가족은 청교도 혁명이라는 이 내전에서 아무런 피해를 입지 않았다. 정작 뉴턴에게 불행은 엉뚱한 곳에서 닥쳐왔는데, 만 세 살 생일을 막 지났을 때 어머니가 바너버스 스미스라는 63세의 목사와 결혼한 것이다! 어머니는 새 남편과 함께 살려고 노스위섬으로 떠나고, 뉴턴은 외할머니 집에서 살아야 했다.

불쌍한 뉴턴! 뉴턴은 이런 생각을 하면서 많은 시간을 혼자 보냈다.

그렇지만 뉴턴은 감정이 폭발하여 이렇게 엄마를 위협한 적도 있었다.

이렇게 불행한 환경에서 자라면서도 뉴턴은 일찍부터 과학에 관심을 보였다. 특히 해시계에 푹 빠졌다. 몇 시간이고 해시계 앞에 앉아 해의 움직임에 따라 그림자가 움직이는 것을 지켜보다가 정해진 시각에 그 위치를 표시했다. 해의 움직임에 대한 뉴턴의 관심은 평생 동안 식지 않았다. 늙어서도 시계 대신에 그림자를 보고 시간을 정확하게 알았다.

뉴턴이 열 살 때 바너버스 목사가 죽자, 어머니가 울즈소프로 돌아왔다. 어머니는 죽은 남편이 남긴 유산과 함께 배다른 동생 셋도 데려왔다. 마리는 여섯 살, 벤저민은 세 살, 해나는 갓난아기였다. 그들은 2년 동안 함께 살았는데, 다른 동생들, 특히 어린 해나는 십대 초반인 뉴턴을 아버지 같은 존재로 여겼다.

그 시절에 시골에서 살던 어린이는 농장 일을 하는 데 필요한 기술을 배웠다. 만약 아버지가 죽지 않았더라면 뉴턴도 시골에서 농사를 지으며 살아갔을 테고 읽고 쓰는 것을 배울 기회는 영영 없었을 것이다. 어머니는 우울한 성격의 아들을 어떻게 하나 하고 고민하다가 열두 살이 되었을 때 뉴턴을 그랜섬에 있는 킹 에드워드 6세 그래머 스쿨에 보냈다.

학교 이름을 초등학교나 중학교가 아니고 그래머 스쿨이라고 부른 이유는 무엇일까? 그야 그곳에서 주로 그래머(grammar, 문법)를 가르쳤기 때문이다. 그러니까 그 학교에서는 라틴 어 문법을 주로 가르쳤는데, 그것만 가르치면 지루할까 봐 기분 전환으로 그리스 어 문법도 가르쳤다!

수학이나 미술, 공작, 사회, 과학, 체육 등등은? 다행히도 그런 건 배우지 않아도 되었다. 문법을 배우는 것만 해도 벅찼기 때문이다! 옛날 서당에서 한문만 가르쳤던 것과 비슷하다.

무척 따분할 것 같지만, 문법이 그렇게 쓸모없는 것은 아니었다. 라틴 어는 고대 로마 사람들이 쓰던 언어였는데, 1645년 당시에 일상 생활에서 라틴 어를 쓰는 사람은 아무도 없었다. 그렇지만 라틴 어는 모든 유럽 나라의 지식인이 쓰던 공통 언어였다. 따라서 독일인이든 영국인이든 프랑스 인이든 에스파냐 인이든 간에, 라틴 어만 알면 다른 나라 언어를 모르더라도 서로를 이해할 수 있었다.

라틴 어가 어떤 것인지 궁금하지? 맛보기로 한 문장만 구경해 보자.

DIE DULCE FREURE

이 문장은 '좋은 하루 보내세요.' 라는 뜻이다.
라틴 어가 마음에 들지 않는다면 고대 그리스 어는 어때?

ΑυΧιεντ Γρεεκ

이 문장은 '고대 그리스 어' 란 뜻이다. 당시에는 그리스 어도 알아두면 도움이 되었다. 왜냐하면 뉴턴 이전에 살았던 똑똑한 사람들 중에는 자신의 생각을 그리스 어로 쓴 사람이 많았기 때문이다. 심지어 훗날 뉴턴이 큰 관심을 갖게 되는 신약 성경도 그리스 어로 쓰여 있었다. 그러니 그리스 어를 읽을 줄 알면, 딴 사람에게 그것을 번역해 달라고 아쉬운 소리를 하지 않아도 되었다. 게다가 그 사람이 엉터리로 번역을 하더라도 알 도리가 없잖아?

그런데 뉴턴은 처음에는 죽은 언어를 배우고 싶은 흥이 나지 않았다. 그러다 보니 성적은 반에서 바닥을 기게 되었다.

그렇다고 뉴턴이 마냥 게을렀다는 이야기는 아니다. 그가 하숙하던 약제사 클라크 씨의 집은 얼마 안 가 해시계로 가득 찼다.(혹시나 해서 설명하는데, 당시 약제사는 직접 약을 만들어 팔던 화학자였다.) 마침 말이 나온 김에 클라크 씨 가족을 소개하기로 하자. 이들은 나중에 또 등장하기 때문이다.

그러다가 뉴턴의 성격이 확 바뀌는 사건이 일어났다. 그 사건은 바로 학교에서 약한 애들을 괴롭히던 클라크 씨의 의붓아들 아서 때문이었다.

그랬다! 그 순간, 뉴턴은 결심했다. 자신이 아는 어떤 사람보다도 모든 면에서 더 뛰어난 사람이 되기로.

사람이 확 바뀐 뉴턴

뉴턴은 라틴 어를 열심히 공부해 영어만큼 쉽게 읽고 쓰게 되었는데, 뛰어난 재주는 그뿐만이 아니었다. 모형 풍차와 물시계와 그 밖의 기계 장치를 만들어 사람들을 놀라게 했다. 가끔은 성경을 공부해야 하는 일요일에도 그런 일을 하면서 보냈다. 심지어 한밤중에 연에 폭죽 비슷한 것을 매달아 하늘에 띄워 올린 뒤 불빛을 내며 폭발하게 해 사람들을 공포에 떨게 했다. 그리고 벽에 낙서를 하는 버릇이 있었는데, 발명품이나 기하학 도형이나 사람 얼굴 같은 걸 그렸다. 사람 얼굴 중에는 영국 왕이었던 찰스 1세도 있었는데, 그 당시 왕의 얼굴을 그리는 것은 몹시 위험한 일이었다.

그 무렵엔 청교도 혁명에서 승리한 올리버 크롬웰이 나라를 다스리고 있었다. 찰스 1세를 물리치기까지는 6년이 걸렸는데, 크롬웰은 찰스 1세를 사형에 처했다.(찰스 1세는 목이 잘려 죽었으나, 시체를 관에 넣기 전에 잘린 목을 도로 몸에 붙였다고 한다. 그건 참 자비로운 일이군!) 크롬웰은 아주 엄격한 청교도였다. 그래서 교회의 예배 의식도 최대한 단순하고 지루하게 치르게 했는데, 사람들이 예배 외에 딴 생각을 못 하도록 하기 위해서였다. 그는 자신의 적인 가톨릭 교회의 사제들이 멋진 사제복을 입고 향을 피우며 돌아다니는 것을 무척 싫어했다. 그리고 교회 밖에서 사람들이 살아가는 방식도 엄격하게 제약하려고 했다.

그랬으니 쫓겨난 왕의 초상화를 벽에다 그리는 어린 소년을 크롬웰이 보았더라면 매우 불쾌했을 것이다. 그렇지만 먼 훗날, 뉴턴이 어릴 적에 한 이 사소한 낙서가 큰 도움을 줄 줄 누

* 원래 크리스마스는 예수의 실제 탄생일과는 아무 관계가 없는 이교도의 축제일이었다. 고대에 12월 25일은 동짓날로, 이교도들이 태양신을 기리는 축제일이었다. 고대 로마 시대에는 동짓날 이전 일 주일 동안은 사투르날리아(Saturnalia, 농신제)라는 축제가 벌어졌는데, 사람들은 술을 진탕 마시는 난잡한 분위기로 흘러가는 경향이 있었다. 기독교에서 크리스마스를 성탄절로 언급하기 시작한 때는 345년 무렵부터였는데, 이교도를 개종시키기 위한 목적으로 이 날을 성탄절로 삼았다. 그랬으니 청교도는 크리스마스를 성스러운 날은커녕 야만인의 축제일로 보았다.

가 알았겠는가?

뉴턴은 학교에서 라틴 어와 그리스 어를 배우는 것 외에도 클라크 씨의 집에 쌓여 있던 책을 보고 화학과 수학, 역학, 천문학도 공부했다. 그 책들은 클라크 씨의 동생인 클라크 박사가 남겨 놓은 것이었다. 뉴턴은 자신이 알아낸 것을 2.5페니를 주고 산 작은 공책에 자세히 기록했다. 이 작은 공책은 오늘날까지 남아 있는데, 지금은 뉴욕의 피어폰트 모건 도서관에 보관돼 있다.

열일곱 살 때 뉴턴이 모든 사람을 놀라게 하고 있을 때, 어머니한테서 연락이 왔다.

말할 필요도 없지만, 뉴턴은 전혀 농사꾼 체질이 아니었다. 가축을 돌보라고 맡겨 놓으면 풀밭에 앉아 책을 읽으며 시간을 보냈다. 그러는 사이에 가축이 이웃의 밭에 들어가 농작물을 망쳐 놓는 바람에 법정에 불려가 벌금을 물기도 했다. 벌금 액수는 4실링 4펜스였는데, 오늘날의 가치로 따지면 20만 원쯤 된다. 게다가 전과 기록까지 남게 되었다.

　그러다 보니 어머니와 외할머니는 뉴턴이 아무 짝에도 쓸모가 없다고 한숨을 내쉬었다. 그때 뉴턴에게 구원의 손길을 뻗은 사람이 있었다. 외삼촌인 윌리엄 애스큐였다. 그는 케임브리지 대학의 트리니티 칼리지를 나왔는데, 뉴턴도 재능을 살리려면 그곳에 보내는 게 좋겠다고 생각했다. 그래서 교장 선생님인 스토크스와 함께 어머니를 설득해 대학 진학을 위해 뉴턴을 학교로 다시 돌려보내게 했다.
　1660년, 뉴턴은 다시 약제사 클라크 씨 집에서 지내게 되었다. 아마 뉴턴은 무척 기뻤을 것이다. 클라크 씨 집에는 좋아하는 책이 잔뜩 있을 뿐만 아니라, 의붓딸인 캐서린 스토로도 있었기 때문이다. 캐서린도 뉴턴을 아주 멋지다고 생각하여 두 사람 사이에는 애틋한 감정이 싹텄다. 그렇다고 두 사람의 관계가 어떤 결실을 맺진 않았지만, 뉴턴이 평생 동안 여성을 사귄 일은 이것이 거의 유일하기 때문에 흥미로운 사건이다.
　다음 해에 뉴턴은 케임브리지 대학의 트리니티 칼리지에 들어갔다. 열여덟 살이던 뉴턴은 다른 신입생들보다 두 살쯤 더 많았다. 그렇지만 더 중요한 사실은 뉴턴이 다른 신입생들과 달리 아주 가난했다는 점이다.

뉴턴의 비밀 일기

엄마는 돈이 충분히 있는데도 돈을 넉넉하게 보내 주지 않는다. 그래서 생활비를 벌기 위해 근로 장학생으로 일해야 한다. 부자 학생들의 방 청소를 하고 요강을 비우느라 시간을 보내다 보면 공부는 언제 하나?

그렇지만 운이 좋았다. 클라크 씨 부인의 동생인 험프리 배빙턴의 시중을 드는 일을 맡았기 때문이다. 배빙턴은 트리니티 칼리지에서 아주 중요한 사람이니, 언젠가 큰 도움이 될지 모른다.

다른 학생들이 밥을 먹는 동안 나는 이 글을 쓰고 있다. 근로 장학생은 그들이 밥을 다 먹은 뒤에야 그릇을 치우면서 혹시라도 남은 음식이 있길 바란다.
또 한 가지 희소식이 있다. 배빙턴이 올해는 대학에 5주일 동안만 머물 것이라고 한다. 자유 시간이 그만큼 많아지는 것이다. 야호!

케임브리지에 큰 변화의 바람이 불어 왔는데, 찰스 1세의 아들인 찰스 2세가 다시 왕위에 오르면서 영국이 왕정 체제로 돌아갔기 때문이다.(역사에서는 폐지된 왕정이 다시 부활하는 일을 왕정복고라 부른다.) 크롬웰이 통치하던 시대에는 케임브리지의 교수직을 대부분 청교도가 차지했지만, 이제 그들이 쫓겨나고 새 사람들이 왔는데, 이들은 뉴턴에게 크게 발전할 수 있는 기회를 주었다. 다른 학생들은 대부분 술판과 파티에 빠져 살았고, 학위를 받고 졸업하겠다는 생각을 가진 학생은 거의 없었다. 오늘날 그들의 이름을 역사에서 전혀 찾아볼 수 없는 것은 이 때문이다. 그렇지만 뉴턴은 달랐다. 4년 동안 뉴턴은 모든 것을 열심히 공부했고, 때로는 먼동이 틀 때까지 밤을 지새우며 공부했다. 공부를 하지 않을 때면 자신이 저지른 죄를 긴 명단으로 작성하면서 신앙심을 유지하려고 노력했다. 그 명단에는 오래 전에 저지른 죄도 포함돼 있었다.

뉴턴은 1665년 1월에 대학을 졸업했다. 바로 이 무렵에 뉴턴의 뇌는 고속 질주를 할 수 있게 연료가 가득 채워지고 충분히 정비되어 세상에 나갈 준비가 되었다.

뉴턴은 도대체 무슨 일을 했는가?

뉴턴이 발견하고 발명한 것을 살펴보기 전에 꼭 알아두어야 할 게 하나 있다. 뉴턴 자신은 스스로를 수학자나 과학자라고 생각하지 않았다는 점이다! 그렇다면 무엇이라고 생각했을까? 뉴턴은 자신을 자연철학자라고 생각했다. 사실 그 당시에는 과학자라는 단어 자체가 없었고, 자연 자체를 탐구하는 모든 활동을 자연철학이라고 불렀다. 뉴턴 이전에 활동했던 위대한 천재들과 마찬가지로 뉴턴은 다음과 같은 큰 질문에 대한 답을 알아내기 위해 수학과 과학을 사용했을 뿐이다.

그리고 뉴턴은 케임브리지에서 수학을 공부하는 것 말고도 특별히 관심을 쏟은 분야가 세 가지 더 있었다.

성경

가톨릭 교도이건 신교도이건 간에 그 당시 사람들은 모두 신앙의 근원을 성경에서 찾았다. 신앙심이 아주 깊었던 뉴턴은 신에 관한 모든 것을 알려고 노력했지만, 남에게서 어떤 식으로 생각하라는 말을 듣는 걸 싫어했다. 그래서 성경을 분석하고 해석하느라 많은 세월을 보냈는데, 결국 성경 자체도 완전한 게 아니란 결론을 내렸다. 그것은 아주 위험한 생각이었다!

연금술

화학과 마술이 결합된 연금술은 정말로 매혹적인 분야였다. 연금술사는 어떤 물질들은 왜 물과 기름처럼 서로 섞이지 않는지, 자석은 왜 쇠붙이를 끌어당기는 힘이 있는지와 같은 의문들을 궁금하게 여기면서 깊이 연구했다. 고대 그리스 철학자인 아리스토텔레스는 이런 의문들에 대해 그럴듯한 설명을 내놓았다. 특히 "모든 것은 완전해지려는 경향이 있다."라는 개념으로 물체가 땅으로 떨어지는 것에서부터 꽃이 해를 향하는 것에 이르기까지 모든 것을 설명하려고 했다. 그것은 아주 그럴듯한 개념이었으므로 연금술에도 이용되었다.

연금술사는 기묘한 힘이나 연금술사 자신의 능력이 필요한 실험을 종종 했다. 이러한 실험이 제대로 되려면, 연금술사 자신이 순수하고 완전해야 한다고 믿었다. 그러려면 신앙심이 아주 깊어야 할 뿐만 아니라 올바른 종교를 믿어야 했다. 그러니 뉴턴이 성경을 열심히 연구하면서 올바른 신앙심을 갖도록 노력한 것은 놀라운 일이 아니다! 또한 연금술사는 실험이 별과 행성의 위치에도 영향을 받는다고 믿었는데, 이것도 뉴턴이 큰 관심을 가진 분야와 일치했다.

연금술사가 특별히 발견하려고 한 것이 두 가지 있다. 하나는 불로장생의 영약이었고, 또 하나는 '현자의 돌'이었다. 불로장생의 영약은 마시면 생명을 연장할 수 있는 기적의 묘약이고, 현자의 돌은 아주 완전한 물질이어서 보통 금속을 금으로 바꾸는 능력이 있다는 기적의 물질이다.

아리스토텔레스가 널리 퍼뜨린 4원소설 때문에 연금술사들은 만물이 불, 공기, 물, 흙의 네 가지 원소가 다양한 비율로 섞여서 만들어진 것이라고 믿었다. 그들은 이 개념을 바탕으로 약 2000년 동안 실험을 해 왔는데, 뉴턴의 시대에 이르러서도 다른 종류의 화학 원소가 있지 않을까 생각한 사람은 아주 적

었다. 아리스토텔레스는 어떤 물질 속에 포함된 원소의 양을 바꾸면 그 물질이 다른 것으로 바뀐다고 말했다. 바로 이 말 때문에 연금술사들은 보통 금속도 얼마든지 금으로 바꿀 수 있다고 믿었다.

물론 연금술에서 가끔 유익한 결과나 발견이 나오기도 했지만, 전체적으로 놓고 보면 그것은 쓸데없는 노력에 지나지 않았다. 그럼에도 불구하고, 이전 시대에 살았던 많은 사람들처럼 뉴턴도 연금술을 아주 진지하게 연구했다.

다른 철학자들

뉴턴은 자신의 생각을 더 발전시키기 위해 옛날 철학자들의

주장과 이론도 연구했다. 케임브리지에서는 특히 아리스토텔레스의 이론을 중요하게 여겼다. 그러니 우리도 아리스토텔레스와 그 밖의 철학자들이 무슨 주장을 했는지 살펴볼 필요가 있다. 다음 장에는 바로 그 철학자들이 나온다. 미리 경고하는데, 좀 섬뜩한 이야기도 나오니 마음을 단단히 먹도록!

아리스토텔레스와 여러 철학자

아리스토텔레스(기원전 384~322)는 고대 그리스의 철학자이다. 그는 천문학, 자연, 윤리학, 논리학을 연구했고, 앞에서 이야기했듯이 연금술의 기본 바탕이 되는 개념까지 만들었다. 사람들에게 아주 중요하게 받아들여진 개념 중 하나는 이것이다.

지구는 우주의 중심이고, 태양을 비롯해 모든 천체는 지구 주위를 돈다. 아리스토텔레스는 이 주장을 뒷받침하는 근거도 제시했다.

아리스타르코스

아무리 똑똑해도 소용이 없을 때가 있다. 사람들이 믿어 주지 않으면 그만이니까. 아리스타르코스는 아리스토텔레스보다 100년쯤 뒤에 살았는데, 태양 중심설(지동설)을 주장했다. 태양 중심설은 우주의 중심은 태양이고, 지구를 포함해 모든 천체가 태양 주위를 돈다는 주장이다. 그렇지만 사람들은 아리스타르코스의 주장에 코웃음을 쳤다. 무엇보다도 고대 세계의 종교 지도자들은 지구가 우주의 중심이라는 주장을 진리라고 믿었다. 종교 지도자들은 막강한 권력을 쥐고 있었기 때문에, 설사 그들과 다른 생각을 갖고 있더라도 무사히 살고 싶다면 입을 다무는 게 상책이었다.

뉴턴이 살던 시대는 그로부터 2000여 년이 지났지만, 케임브리지에서는 여전히 케케묵은 아리스토텔레스의 개념이 옳다고 믿었다. 그렇지만 유럽의 다른 곳에서는 의심을 품는 사람들이 계속 나왔다. 왜 그랬는지 이해하려면 고대 그리스 시대로 돌아갈 필요가 있다.

고대 사람들은 행성의 움직임을 자세히 추적했다. 성격이 까칠한 신이 하늘을 달리고 있다면, 어찌 거기에 신경을 쓰지 않을 수 있겠는가?(게다가 그 당시에는 텔레비전도 없었으니, 하늘을 관찰하는 것은 잠들기 전에 시간을 보내기에 아주 좋은 취미 활동이었다.) 그들은 지구를 우주의 중심에 놓고서 태양과 행성들이 하늘에서 움직이는 길을 표시한 지도를 만들었다. 그것은 대충 다음 그림과 비슷한 것이었다.

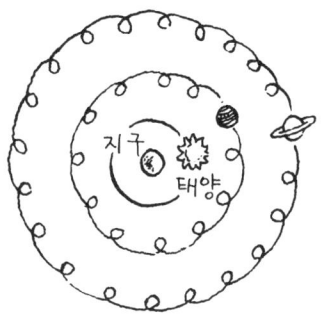

간단하게 나타내기 위해 이 그림에서는 행성을 목성과 토성 2개만 표시했다. 목성과 토성의 궤도가 큰 원을 그리는 동시에 다시 그 위에서 작은 원들을 그리며 움직이는 것에 주목할 필요가 있다. 정말로 기묘한 움직임이 아닌가?

코페르니쿠스

16세기에 이르자 사람들은 행성들이 왜 그렇게 괴상하고 복잡한 방식으로 움직일까 하고 의문을 품기 시작했다. 좀 더 단순한 방식으로 움직여야 이치에 맞는 것처럼 보였기 때문이다. 1510년 무렵에 폴란드의 수도사이던 코페르니쿠스는 아리스타르코스가 주장한 태양 중심설을 읽고는 태양을 우주의 중심에 놓고 행성들의 궤도를 그려 보았다. 그것은 아주 정확한 것은 아니었지만, 지구 중심설(천동설)보다 훨씬 그럴듯해 보였다.

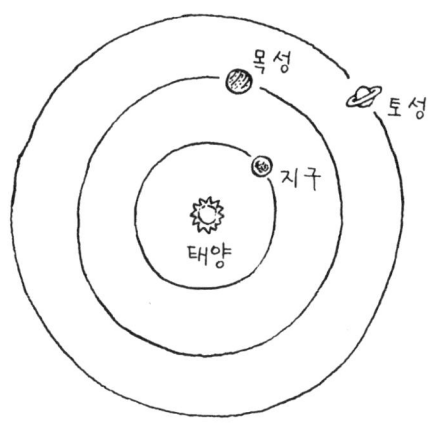

소심한 코페르니쿠스는 막강한 권력을 휘두르던 교회의 비위를 거스를까 염려하여 이 생각을 약 30년 동안이나 발표하지 않고 꼭꼭 숨겨 두었다. 그러다가 결국 1543년에 책을 출판하며 태양 중심설을 발표했다. 염려한 대로 이 주장 때문에 큰 소동이 일어났다. 그렇지만 다행히도 코페르니쿠스는 화를 피해 갔다. 책이 출판되자마자 곧 죽었기 때문이다.

케플러와 브라헤

뉴턴이 태어나기 약 50년 전인 16세기 말에 독일 천문학자 요하네스 케플러(1571~1630)가 코페르니쿠스의 책을 보았다. 케플러는 천연두에 걸린 후유증으로 시력이 아주 나빴고, 온몸에 옴이 옮아 고생했으며, 손가락 속에 벌레가 들어가 살았고, 치질을 앓았다. 또, 첫 번째 아내와 자녀 여러 명을 잃었으며, 말년에는 어머니가 마녀로 몰려 화형당할 뻔한 것을 막느라 애쓰는 등 불우하고 파란만장한 삶을 살았지만, 아주 똑똑했다.

케플러가 아주 난처한 상황에 처했을 때, 덴마크의 부자 천문학자 티코 브라헤(1546~1601)가 자기 밑에 와서 조수로 일하지 않겠느냐고 제의했다. 브라헤는 덴마크 왕에게서 하사받은 벤 섬에 멋진 천문대를 짓고는, 그 당시로서는 최고의 천문 관측 장비를 갖춰 놓고 하늘을 관측했다. 브라헤는 당대 최고의 천문 관측가로 유명했다. 벤 섬은 브라헤의 작은 왕국 같은 곳으로, 관측 기구를 제작하는 기술자와 천문 관측을 돕는 조수를 비롯해 많은 하인과 일꾼이 살았다. 브라헤는 젊은 시절에 결투를 하다가 코가 잘려 나가는 바람에 금과 은, 밀랍으로 만든 가짜 코를 붙이고 다닌 것으로도 유명했다.

똑똑한 케플러는 많은 것을 연구하고 발견했는데, 몇 가지만 소개하면 이런 것들이 있었다.

- 눈의 작용 원리를 발견했다. 그리고 거리를 가늠하는 데 왜 두 눈이 필요한지 알아냈다.
- 성능이 좋은 망원경과 안경을 만드는 방법을 발견했다.
- 별의 거리를 계산하는 방법을 생각해 냈다.

그렇지만 뉴턴이 볼 때 케플러의 가장 큰 업적은 행성의 운동에 관한 세 가지 법칙이었는데, 그 이야기는 나중에 자세히 하기로 하자.

갈릴레이

뉴턴의 업적을 이야기하기 전에 꼭 알아야 할 사람이 두 명 더 있다. 한 사람은 이탈리아의 갈릴레오 갈릴레이(1564~1642)!

갈릴레이는 무례하고 오만하고 시끄럽고 완강하고 말싸움을 좋아하고 다른 사람의 주장을 비난하는 버릇이 있었다. 하지만 엄청나게 똑똑했다. 갈릴레이에 관한 이야기만으로도 책 한 권을 충분히 쓰고 남겠지만, 이 책의 주인공은 뉴턴이니 갈릴레이에 관한 이야기는 딱 두 가지만 언급하고 넘어가기로 하자.

- 갈릴레이는 높은 건물에서 무거운 공과 가벼운 공을 떨어뜨리는 실험을 통해 낙체(중력에 끌려 땅으로 떨어지는 물체)의 가속도가 일정하다는 것을 보여 주었다.
- 갈릴레이는 지구가 우주의 중심이라는 아리스토텔레스의 생각이 틀렸다고 떠들고 다녔다. 물론 갈릴레이의 주장은 옳았지만, 기분이 상한 교황은 갈릴레이를 종교 재판소에 세워 그 주장을 철회하게 했다. 그런데 갈릴레이는 지구가 움직인다는 증거로 그 때문에 바다가 출렁이면서 밀물과 썰물이 일어난다고 주장했는데, 이것은 틀린

생각이었다.

혹시 갈릴레이가 어떻게 생겼는지 궁금한가? 그렇다면 그의 손가락을 직접 보는 건 어때? 피렌체 과학 박물관에 그의 손가락 하나가 전시돼 있으니, 궁금한 사람은 가서 보도록!

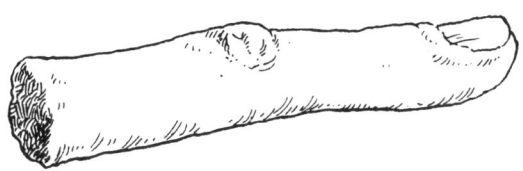

데카르트

마지막으로 우리가 꼭 알아야 할 사람은 프랑스의 르네 데카르트(1596~1650)이다. 데카르트는 아리스토텔레스의 이론과 주장을 맹렬히 비판했다. 사실, 아리스토텔레스의 이론과 주장은 만물은 흙, 불, 공기, 물의 4원소로 만들어졌다거나, 모든 것은 '완전해지려는 경향'과 '제자리를 찾아가려는 경향'이 있다는 것처럼 뜬구름 잡는 이야기가 대부분이었다.

데카르트는 자연은 기계와 같다고 말했다. 모든 것은 측정할 수 있으며, 모든 일에는 분명한 기계적 원인이 있다고 주장했다. 데카르트의 이 주장은 결국 거의 옳은 것으로 밝혀졌다.

그러고 나서 데카르트는 행성들과 천체들의 움직임을 설명할 수 있는 기계적 원인을 찾으려고 노력했다. 그렇지만 그가 만든 이론은 완전히 틀린 것이었다.

말할 필요도 없지만, 많은 사람들은 데카르트의 주장을 매우 불쾌하게 여겼다. 그의 기계론적 우주에는 신이 들어갈 자리가 없었기 때문이다. 기분이 상한 사람들 중에는 케임브리지의 플라톤 학파도 있었다. 뉴턴도 플라톤 학파 사람들과 종종 어울렸는데, 그들 중에는 아이작 배로(나중에 만나게 될 것이다)와 헨리 모어(아주 훌륭하고 흥미로운 사람이지만, 아쉽게도 이 책에서는 다시 만날 수 없다)도 포함돼 있었다. 다른 사람들과 마찬가지로, 뉴턴 역시 신이 우주에서 아무 쓸모없는 존재가 된 것이 그다지 기분 좋은 일은 아니었다. 하지만 데카르트의 기본 개념은 아리스토텔레스의 주장보다 훨씬 낫다고 생각했다. 사실, 뉴턴에게 철학을 연구하는 데 수학을 사용하도록 큰 자극을 준 사람이 바로 데카르트였다.

음, 이만하면 아리스토텔레스와 그 밖의 철학자들에 대해 대충 살펴보았으니, 다시 뉴턴의 이야기로 돌아가기로 하자.

뉴턴의 친구

복잡하거나 어려운 이야기가 전혀 없는 짤막한 장

아리스토텔레스와 철학자들을 뺀다면, 케임브리지에서 뉴턴에게 일어난 또 한 가지 중요한 일은 아주 좋은 친구를 만난 것이다.

맨체스터 출신의 존 위킨스는 뉴턴과 거의 같은 시기에 케임브리지 대학을 다녔다. 케임브리지에 처음 왔을 때 방을 같이 쓴 학생이 너무 무식하고 시끄러웠기 때문에, 위킨스는 그를 피하려고 자주 산책을 나갔다. 그러다가 어느 날, 같은 이유로 기분이 상한 뉴턴을 만나 둘이 방을 함께 쓰기로 했다.

위킨스는 종교를 열심히 공부했지만, 방에서는 뉴턴의 책들과 병들과 그 밖의 장비들에 둘러싸인 채 살아야 했다. 다행히도 위킨스는 성격이 아주 너그러웠다. 뉴턴의 물건을 정리하는 일을 돕고, 심지어 실험을 지켜봐 주거나 메모를 깨끗이 옮겨 적는 일까지 해 주었다. 또한 뉴턴이 식사를 제대로 하고 잠을 잘 자도록 챙기기까지 했지만, 이것은 생각만큼 쉽지 않았다.

위킨스가 정말로 꾹 참아야 했던 일은 뉴턴이 방을 다시 꾸밀 때 일어났다. 뉴턴은 한 가지 색에 푹 빠져 의자와 침대, 쿠션, 커튼을 비롯해 모든 것을 진홍색으로 만들었다. 심지어 빨간색 계통의 페인트를 만드는 나름의 비법까지 개발했다. 재료 중에는 양의 피도 있었으니 위킨스는 역겨움을 참느라 얼마나 고생했을까?

두 사람은 20년 동안 함께 지냈지만, 위킨스는 뉴턴과 함께 지낸 일에 대해 극도로 말을 아꼈다. 훗날 그의 아들이 뉴턴에 대해 물었을 때조차도! 분명히 말할 게 아주 많았을 텐데도 입을 꾹 다물었다는 건 정말로 이상하다.

불행하게도 두 사람은 결국 헤어졌다. 그렇지만 그것은 한참 뒤의 일이다.

경이로운 발견

1665년에 케임브리지 대학을 졸업하고 나서도 뉴턴은 빈둥거리지 않았다.

대학을 졸업하자마자 그가 이룬 이것들은 도대체 무엇일까? 음, 한 번에 하나씩 차근차근 살펴보기로 하자. 우리는 뉴턴만큼 똑똑하지 않으니까 말이다.

이항정리 이전에는

뉴턴 시대 이전에도 편리한 계산 방법이 일부 발견돼 있었다. 천문학에서는 엄청나게 복잡한 계산을 해야 할 일이 많았으니 그런 방법은 정말로 큰 도움이 되었다. 뉴턴이 발견한 기발하고도 아름다운 이항정리 이전에는 어떤 것들이 있었는지 궁금할 테니 먼저 그것들을 살펴보기로 하자.(살짝 훑어보는 것만으로도 머리가 어질어질하다면, 그냥 52쪽으로 건너뛰어도 좋다.)

소수

1585년에 플랑드르(오늘날의 네덜란드)의 스테빈이 소수를 발명했다.

$$\frac{1}{2} = 0.5 \qquad \frac{1}{11} = 0.090909$$
$$\frac{1}{3} = 0.333333 \qquad \frac{1}{12} = 0.083333$$
$$\frac{1}{10} = 0.1$$

여러분도 소수는 익히 알고 있을 것이다. 학교에서도 배우지만, 계산기도 숫자를 분수 대신에 소수로 표시하기 때문이다. 예를 들어 계산기에서 1÷5를 누르면 $\frac{1}{5}$ 대신에 0.2가 나온다.

로그

로그를 발명한 네이피어 남작

또 하나의 기발한 발명품은 스코틀랜드의 네이피어 남작이 만든 로그이다. 로그를 사용하면 복잡한 수들의 곱셈이나 나눗셈을 손쉽게 할 수 있다. 게다가 천문학 계산에서 골머리를 앓게 하던 거듭제곱 계산도 쉽게 할 수 있다. 로그가 발명되기 전에는 x^3이나 $\sqrt{y}$ 같은 것을 제대로 계산하기가 어려웠다. 로그는 30여 년에 전자 계산기가 널리 쓰이기 시작하기 전까지만 해도 수학 계산에 널리 쓰였다. 로그(log)는 영어로 '통나무'란 뜻이 있지만, 수학에서 말하는 로그는 로거리듬(logarithm)의 준말이니 오해하지 말도록!

데카르트 좌표계

데카르트는 아리스토텔레스의 주장을 묵사발로 만드는 데 그치지 않고, 직교좌표계라고 부르는 데카르트 좌표계를 만들었다. 여러분이 학교에서 x축, y축 하며 배우는 평면좌표가 바로 이것이다. 직교좌표계는 사물이 있는 장소를 나타내고 측정하는 방법으로 고안되었지만, 방정식을 그래프로 나타내는 데에도 쓰이게 되었다. 맛보기로 직교좌표계에 방정식을 그래프로 나타내는 방법을 한번 볼까?

먼저 모눈종이 위에 2개의 축을 그려라. 그런데 "2개의 축을 그려라!"를 영어로 하면 "Draw two axes!"가 되는데, 이걸 읽고서 이렇게 그리는 사람도 있을 것이다.

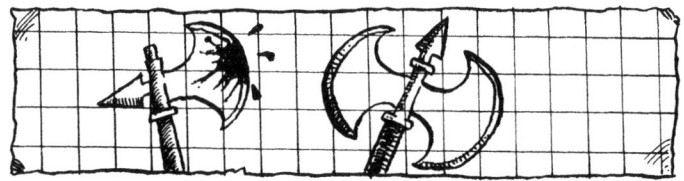

axes는 도끼를 뜻하는 ax의 복수형이기 때문이다. 그렇지만 그렇게 생각했다면, 하나만 알고 둘은 모르는 거다. axes는 axis(축)의 복수형이기도 하기 때문이다. 자, 그럼 2개의 축을 제대로 그려 보자. 먼저 위에서 아래로 똑바로 선을 하나 죽 긋는다. 다음에는 그것과 직각이 되게 수평으로 선을 하나 죽 긋는다. 그러면 대충 이런 모양이 되겠지?

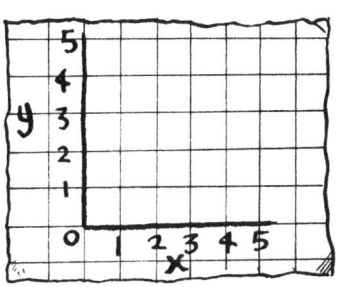

수평으로 뻗은 선을 x축이라 하고, 수직으로 뻗은 선을 y축이라 한다. 그리고 x축과 y축이 만나는 지점을 원점이라 한다. 원점은 좌표의 기준점으로 0에 해당하고, 그것을 기준으로 거리에 따라 x축과 y축 위에 숫자가 매겨져 있다.

만약 음수도 표시하고 싶다면, x축과 y축을 더 길게 연장하면 된다.

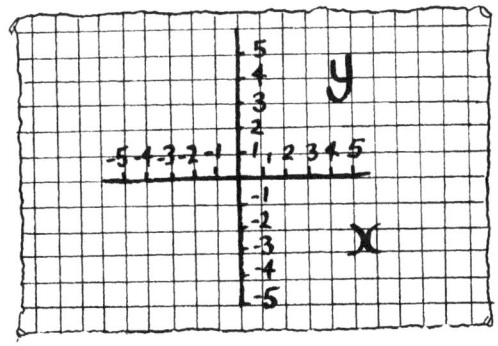

자, 이제 방정식을 좌표 위에 그릴 준비가 끝났다. 아주 간단한 방정식 $y = x$부터 시작해 보자. x에 아무 수나 하나 대입해

보라. 예컨대 $x=1$이라고 하자. $y=x$이므로 y 역시 1이다. 그러면 그래프 위에 $x=1$, $y=1$인 지점, 즉 (1, 1) 지점에 점을 찍는다.

이번엔 $x=2$라고 하면 $y=2$가 된다. 그러면 (2, 2) 지점에 점을 찍는다. 같은 방식으로 다른 x 값에 대해서도 y 값을 구하고 그 좌표를 표시해 나간다.

충분히 많은 점을 찍으면, 좌표 위에 어떤 패턴이 나타날 것이다. 그것들을 죽 이으면 직선이 된다!

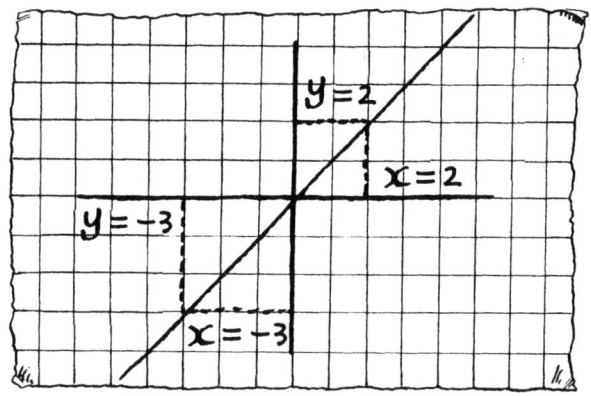

$y=x$는 아주 간단한 방정식이기 때문에, 아주 간단한 직선으로 나타난다.

그렇다면 곡선으로 나타나는 방정식도 있을까? 이번에는 $y=x^2$을 좌표 위에 나타내 보자. x^2이 뭔지는 알고 있겠지? 이것은 x를 제곱한 것, 즉 x에다가 x를 곱한 것이다.

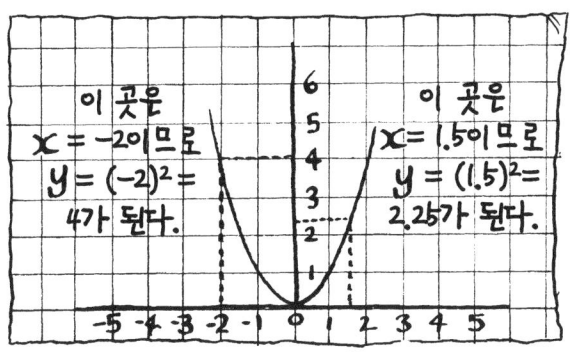

$y = x^2$에 해당하는 그래프 위의 모든 점을 연결한 선은 이런 모양의 곡선이 된다. 예를 들어 $x = 1$일 때 $y = 1^2 = 1$이다. $x = 2$일 때에는 $y = 2^2 = 4$이다. 이 곡선은 그 사이에 있는 모든 값들도 보여 주는데, 예컨대 $x = 1.5$일 때 $y = 1.5^2 = 2.25$이다.

이 특별한 모양의 곡선을 포물선이라 부른다. 이 곡선을 거꾸로 뒤집으면, 공을 공중으로 던졌을 때 공이 그리는 궤적과 정확하게 같은 모양이다.

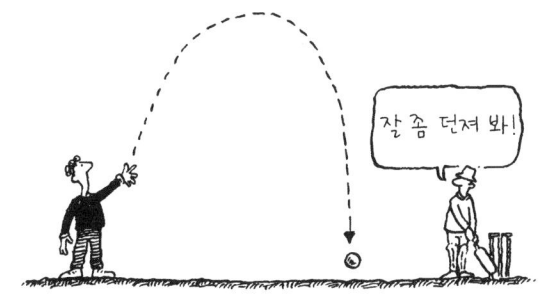

그런데 이런 것들이 도대체 어디에 쓸모가 있을까?

상당히 많은 곳에 쓸모가 있지만, 뉴턴에게는 무엇보다도 물체의 움직임을 수학 방정식을 사용해 나타내는 데 편리했다.

그리고 드디어 뉴턴의 이항정리!

뉴턴 이전에 다른 사람들이 발명한 것들을 대충 살펴보았다. 이번에는 뉴턴의 이항정리를 살펴볼 차례이다. 이항정리란 이항식 $a+b$의 거듭제곱 $(a+b)^n$을 전개한 식을 구하는 방법으로, 다음과 같은 공식으로 나타낸다.

$$(a=b)^n = a^n + \frac{na^{n-1}b}{1} + \frac{n(n-1)a^{n-2}b^2}{1\times 2} +$$

$$\frac{n(n-1)(n-2)a^{n-3}b^3}{1\times 2\times 3} + \frac{n(n-1)(n-2)(n-3)a^{n-4}b^4}{1\times 2\times 3\times 4} + \cdots$$

이 식은 n의 값이 커질수록 항의 수도 계속 늘어나면서 복잡해진다. 예를 들어 n의 값이 각각 2와 3과 4일 때의 이항정리는 다음과 같다.

예를 들어, 여기서 $n=2$, $n=3$ 그리고 $n=4$일 경우에는 다음과 같다.

$(x+y)^2 = (x+y)\times(x+y) = x^2+2xy+y^2$
$(x+y)^3 = (x+y)\times(x+y)\times(x+y) = x^3+3x^2y+3xy^2+y^3$
$(x+y)^4 = (x+y)\times(x+y)\times(x+y)\times(x+y) = x^4+4x^3y+6x^2y^2+4xy^3+y^4$

정말 근사한 공식이지? 혹시 이 정리의 공식이 왜 이렇게 되는지 궁금한 사람? 그걸 말해 주고 싶지만 안타깝게도 지금 여기서 그걸 길게 설명할 여유가 없다. 이항정리를 사용하면 로그 계산을 아주 정확하게 할 수 있고, 아주 복잡한 계산도 해낼 수 있다는 것만 이야기하고 넘어가기로 하자.

접선

1665년 5월, 뉴턴은 접선을 붙들고 씨름했다.

접선은 곡선 위의 어느 한 점을 스치며 지나가는 직선을 말하는데, 그 점에서 곡선이 움직이는 방향과 같은 방향을 향한 직선이다.

그건 그렇다 치고, 접선은 도대체 무슨 쓸모가 있을까?

달과 행성의 궤도를 연구하던 사람들은 달과 행성이 왜 그런 식으로 움직이는지 알아내려고 애썼다. "모든 것은 제자리를 찾아가려는 경향이 있다."는 아리스토텔레스의 억지 주장이 통하던 시대는 이미 지났다.

천문학자들은 먼 옛날부터 종이 위에 행성의 곡선 궤도를 그려 놓고 엄청나게 복잡하고 힘든 계산을 하면서 그것을 설명하려고 애썼다. 그런데 만약 수학 방정식으로 행성들의 움직임을 정확하게 나타낼 수만 있다면, 행성들이 왜 그렇게 움직이는지 알아내는 데 큰 도움이 될 것 같았다.

뉴턴은 만약 어느 한순간을 콕 집어 행성의 움직임을 본다면, 행성은 곡선 궤도에 대해 접선 방향으로 움직인다는 사실을 깨달았다. 무슨 말인지 이해가 안 된다고? 그럼 이렇게 바꾸어 생각해 보자.

행성이 곡선을 그리며 움직이는 대신에 일련의 직선을 그리며 움직인다고 상상해 보라.

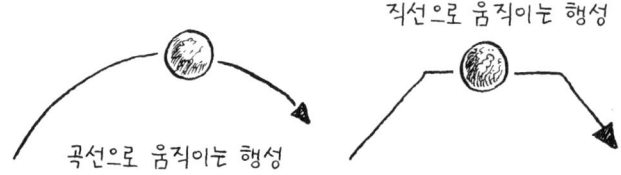

이렇게 행성이 직선 구간을 움직인다면, 그 진행 방향은 직선이므로 움직인 거리의 합을 구하기가 한결 쉽다. 만약 행성의 궤도를 곡선에 좀 더 가깝게 만들고 싶다면, 각 구간의 길이를 좀 더 짧게 만들면 된다.

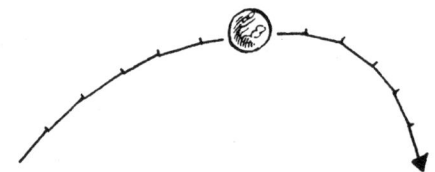

직선 구간을 계속 더 짧게 만들어 가다 보면 마침내 그 궤도가 완전한 곡선이 될 것이다. 그렇지만 여기서 중요한 것은 각각의 구간은 보이지 않을 정도로 아주 짧다 하더라도 여전히 직선이라는 사실이다.

그래서 어느 순간에 행성이 정확하게 어느 방향으로 움직이고 있는지 알고 싶다면, 그 아주 짧은 직선 구간을 길게 연장하면 된다. 그럼 그것이 바로 그 점을 지나가는 접선이 된다!

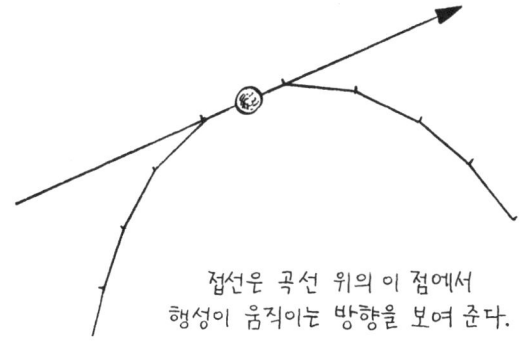

접선은 곡선 위의 이 점에서 행성이 움직이는 방향을 보여 준다.

이것은 또 하나의 중요한 발견으로 이어졌는데, 뉴턴은 그것을 '유율(fluxion)'이라고 불렀지만, 나중에 수학자들은 그 이름을 다른 것으로 바꾸었다. 지금도 학생들은 그 이름을 들으면 식은땀을 흘린다고 하는데, 그것은 과연 무엇일까?

미적분

미분과 적분을 합쳐서 미적분이라 하는데, 미적분에 대해 흔히 알려진 이야기로는 다음과 같은 것들이 있다.

- 왕년에 공부 좀 했다고 뻐기는 어른들도 미적분 이야기만 나오면 딴소리를 한다.
- 고등학생들은 그 이름만 들어도 몸서리를 친다.
- 멀쩡하고 똑똑하던 학생도

미적분을 배우면서 말할 때 혀가 꼬이는 증세가 나타나기 시작했다고 한다.
- 미적분 단원을 가르칠 시간이 되면 수학 선생님은 갑자기 병가를 내거나 문상을 갈 일이 생겼다고 말한다.
- 그렇지만 미적분은 소문처럼 그렇게 끔찍한 것이 아니다. 정말이다! 제발 믿어 달라고!

아무래도 방금 이항정리를 마친 여러분에게 미적분을 들이미는 건 너무 야만적인 짓 같다. 그러니 다음 장에서는 뉴턴에게 영향을 미친 역사적 사건들을 잠깐 살펴보면서 한숨을 돌리고 넘어가기로 하자.

흑사병

여러분을 미적분의 공포에서 잠깐 벗어나게 해 주는 짧은 장

똑똑한 사람들이 행성의 움직임을 복잡하게 계산하느라 애쓰고 있을 때, 런던의 빈민가에서는 사람들이 아주 비참하게 살아가고 있었다. 거리에는 하수와 오물과 동물 시체 냄새가 넘쳤고, 더운 여름에는 파리와 해충이 웅웅거리는 구름처럼 몰려다녔으며, 온갖 종류의 전염병과 피부병이 창궐했다. 무엇보다도 징그럽고 섬뜩한 쥐가 도처에 출몰했다.

그 당시 런던 항구는 매우 북적거렸다. 그때 런던에 입항한 어느 배에서 시궁쥐라고도 부르는 집쥐 두 마리가 몰래 부두로 기어 올라왔다. 설사 그것을 본 사람이 있었다 하더라도, 그 쥐들의 등에 붙어 있는 쥐벼룩이 끔찍한 재앙을 가져오리라고 예상한 사람은 아무도 없었다. 그 때문에 런던에서만 8만 명이나 죽어 나가게 되리라는 걸…….

런던 타임스

1664년 12월

시체로 발견된 선원들

어제 드루어리 레인 극장 근처의 도랑에서 프랑스 인 선원 두 명이 시체로 발견되었다. 그들을 처음 발견한 애니 클래킷(37, 여)은 "목 주위에 혹 같은 것들이 불룩 솟아 있고, 거기서 피가 나고 있었어요."라고 말했다.

그 뒤 애니 클래킷도 심하게 앓고 있다. 애니는 "아, 제발 그 프랑스 인들에게서 몹쓸 병이 옮은 게 아니어야 할 텐데……."라고 말한다.

최초로 발생한 두 희생자의 시체는 1664년 12월에 발견되었다. 그리고 얼마 지나지 않아 추가 희생자가 잇따라 발생했다.

런던 타임스

1664년 12월: 최신판

수수께끼의 질병 발생!

어제 거리에서 한 여성이 쓰러진 채 발견되었다. 이 여성은 자신이 토한 음식물 가운데 드러누운 채 온몸을 부들부들 떨며 식은땀을 뻘뻘 흘렸다. 이 여성의 신원은 지난 주에 프랑스 인 시체를 발견한 애니 클래켓으로 밝혀졌다. 원인을 놓고 조사가 시작되었지만, 흑사병이라는 소문은 아직 확인되지 않았다.

그녀를 조사한 정부 관리는 "시민들은 불안이나 공포에 떨지 말길 바랍니다. 저는 아무 탈이 없으리라고 확신합니다."라고 말했다.

푸디의 돼지고기 파이를 먹어 보세요!

벌레 같은 건 절대로 들어 있지 않답니다! 100% 보장!

한편, 런던의 더러운 시궁창과 하수도에서는 죽음의 원인이 빠른 속도로 퍼져 나가고 있었다. 유럽 대륙에서 쥐를 타고 건너온(한편 그 쥐는 배를 타고 건너왔다) 쥐벼룩들의 몸 속에는 페스트균이 우글거리고 있었다. 쥐벼룩들은 금방 도시에 살던 다른 쥐들의 등 위로 옮겨 가 온 사방으로 퍼져 갔다. 이 쥐벼룩에게 한 번 물리기만 하면……

런던 타임스

1665년 1월

정부 관리가 사망하다!

애니 클래켓을 조사했던 정부 관리가 같은 증상을 보이며 심하게 앓다가 일 주일도 안 돼 사망했다.

니다. 이제 시민들은 마음 놓고 공포에 떨어도 됩니다."라고 말했다.

흑사병이 두렵다고요?
그렇다면 푸디의
페인트를 써 보세요!

문에 십자가를 그리는 데 안성맞춤이지요!

지금 당장 사세요. 안 그러면 여러분에게 다시는 기회가 없을지도!

램버스, 사우스워크, 웨스트민스터를 비롯해 런던의 많은 지역에서도 추가로 희생자들이 발생했다. 한 정부 관리는 "그것은 흑사병으로 밝혀졌습

그렇다! 1665년의 런던 대역병이라 불리는 흑사병(페스트)은 이렇게 발생했다. 그것이 어떻게 전파되는지는 아무도 몰랐다. 설사 알았다 하더라도 어떻게 손쓸 수 있는 방법은 별로 없었을 것이다.

페스트에 관한 사실

- 런던 대역병의 정식 명칭은 가래톳페스트이다. 가래톳은 넙다리 윗부분의 림프샘이 부어 생긴 멍울을 말하는데, 가래톳페스트균에 감염되면 사타구니와 겨드랑이, 목 부근의 림프샘이 부어올라 보기 흉한 멍울이 생긴다.
- 페스트에 걸리면 고열과 오한, 두통, 통증, 구토 등의 증상이 나타난다.
- 운이 좋은 25%는 일주일쯤 지나면 회복된다.
- 운이 나쁜 75%는 사망한다.
- 최선의 치료 방법은? 일단 걸리지 말아야 한다. 운 나쁘게 걸렸다면 할 수 없다. 효과는 장담할 수 없지만 '레우카텔로 향유'를 써 보는 수밖에. 뉴턴은 클라크 씨의 작업실에서 이것을 만드는 법을 배웠다고 말한다. 재료에는 테레빈유, 밀랍, 올리브유, 적포도주 등이 들어간다. 마셔도 되고 발라도 되는데, 미친 개한테 물린 자리에 발라도 좋다!

런던 타임스

1665년 6월

흑사병이 확산되다

이미 수천 명의 런던 시민이 사망했다. 이제 지방에서도 사망자들이 나오고 있다. 사람들은 도시를 떠나고 있고, 공공 기관과 학교가 문을 닫고 있다. 케임브리지 대학도 휴교에 들어가기로 했다.

안전한 스코틀랜드로 오세요!

푸디 승합 마차를 이용하세요! 내일 북쪽으로 떠나는 마차 편은 아직 자리가 남아 있답니다! (목이 부어오른 사람은 사절!)

뉴턴은 졸업을 했지만, 케임브리지에 계속 남아 연구를 하고 있었다. 그렇지만 흑사병 때문에 대학이 문을 닫자, 할 수 없이 고향 울즈소프로 돌아가야 했다. 여러분 같으면 학교가 휴교에 들어갔다면 이게 웬 떡이냐 하며 신 나게 놀겠지? 하지만 역사에 이름을 남길 사람은 뭐가 달라도 달랐다. 대학을 다닐 때에도 뉴턴은 누구에게 배우기보다는 혼자서 책을 보고 스스로 배웠다. 뉴턴은 혼자서 생각하고 연구할 때 가장 큰 성과를 거두었다. 이제 고향으로 돌아간 뉴턴은 혼자서 사색하는 시간을 실컷 갖게 되었다. 그리고 그 다음 16개월 동안 뉴턴은 인류 역사상 한 개인으로서는 가장 생산적인 시간을 보내며 놀라운 업적을 이루게 된다.

다음 이야기로 넘어가기 전에 런던 대역병에 대해 조금 더 생각해 보자. 1665년에 런던의 뒷골목을 걸어가면 기분이 어땠을지 한번 상상해 보라. 평소의 역겨운 냄새와 불결한 광경 외에 죽어 가는 사람들의 신음 소리, 가족들의 울부짖음, 시체 썩는 냄새가 사방에 넘쳐났다. 그리고 따끔 하고 쥐벼룩이 무는 걸 느꼈다면, 여러분도 얼마 후 거리에 널린 시체가 되어 썩어 갈 것이다.

어때? 이렇게 생각하고 나니 이제 미적분도 그렇게 두렵게 느껴지지 않지?

그러니 좀 어렵더라도 마음을 단단히 먹고 읽어 보라. 73쪽까지만 참고 읽으면, 이 책에서 가장 어려운 부분을 넘긴 것이니까 나머지는 누워서 떡 먹기나 다름없다. 그리고 또 한 가지! 우리는 지금 역사상 최고의 천재가 남긴 업적을 이해하려고 노력하는 거니까, 설사 완전히 이해가 안 가더라도 절대로 기죽을 필요는 없다!

  자, 그럼 행운을 빈다.

미적분: 수학의 기적

미적분은 정말로 아주 간단한 개념에서 출발한다. 그런데 그 다음에는 엄청나게 복잡하고 어려워지다가 결국에는 단순한 결말로 끝난다. 뉴턴도 미적분을 발명할 때 복잡하고 어려운 중간 부분을 헤쳐 나가느라고 엄청난 고생을 했다. 그렇지만 다행히도 우리는 그것을 그냥 건너뛰어 단순한 결말로 직행할 수 있다. 일단 미적분이 발명되자, 그것은 무지무지 어려운 계산과 맞닥뜨리는 싸움에서 강력한 무기가 되었다. 그 후 수학자에게 미적분은 버스 운전 기사에게 핸들만큼이나 편리한 것이 되었다.

미적분의 기본 원리는 문제의 대상을 끝없이 작은 것으로 분할하여 분석함으로써 그 문제에 대한 답을 얻는 방법이다. 고대 그리스 인도 미적분과 비슷한 생각을 했는데 특히 원을 연구할 때 그런 방법을 썼다.

파이 조각

안티폰은 기원전 5세기에 살았던 그리스 사람인데, 원을 작은 삼각형으로 쪼개는 방법으로 원의 넓이를 구하려고 시도했다. 곡선으로 둘러싸인 원의 넓이는 구하기가 어려운 반면 삼각형의 넓이는 구하기가 쉽기 때문이다. 맨 먼저, 원 안에 큰 삼각형을 하나 집어넣고……

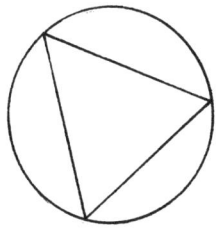

남은 공간에 다시 더 작은 삼각형을 집어넣고, 그리고 남은 공간에 다시 더 작은 삼각형을 집어넣고, 또다시…….

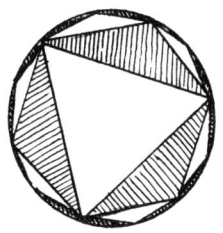

그렇지만 이런 식으로 아무리 많이 반복한다 하더라도, 원 안의 공간을 완전히 채울 수는 없었고, 따라서 이 방법으로는

넓이를 아주 정확하게 계산할 수 없었다.

거의 같은 시기에 브리손이라는 또 다른 그리스 인은 원 안과 밖을 각각 내접 및 외접하는 두 다각형으로 에워싸는 방법을 생각해 냈다. 그러면 원의 넓이는 바깥쪽 다각형보다는 작고 안쪽 다각형보다는 클 것이다.

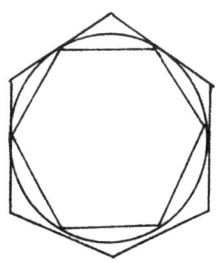

그렇지만 브리손 역시 안티폰이 맞닥뜨린 것과 같은 문제를 극복할 수 없었다. 12각형으로도 해 보고 24각형으로도 해 보았다. 변이 더 많은 다각형을 사용할수록 그 답은 정답에 더 가까워졌지만 아주 정확한 넓이를 구할 수는 없었다.

200여 년 뒤에 위대한 수학자 아르키메데스(기원전 287~212)가 등장했다. 아르키메데스는 원의 넓이 대신에 원주(원의 둘레)를 구하는 문제에 집중했다.

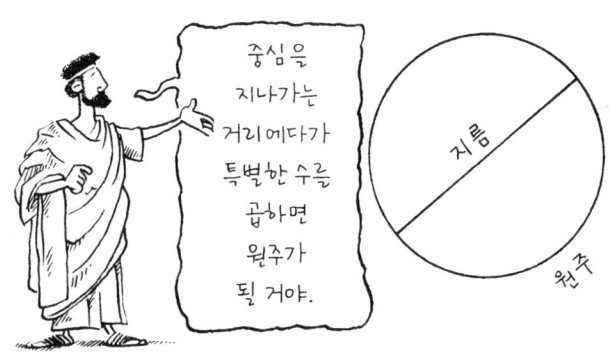

원주율이라고 하는 그 특별한 수는 원둘레를 지름으로 나눈 값으로, 그리스 문자로 π(파이)라고 쓴다. 그렇지만 π의 정확한 값을 구하는 게 문제였다. 아르키메데스는 브리손과 같은 방법을 사용해 그 값을 구하려고 시도했다. 96각형을 사용해 π의 값을 계산한 결과 $3\frac{10}{71}$과 $3\frac{10}{70}$ 사이의 값을 얻었다. 그렇지만 정확한 값을 구할 수는 없었다.

그 후 사람들은 아르키메데스의 방법을 더 정밀하게 사용함으로써 정답에 좀 더 가까운 값을 구했다. 뉴턴이 태어나기 얼마 전에 독일 출신의 네덜란드 인 루돌프 판 체울렌은 변이 320억 개 이상 되는 다각형을 사용해 π의 값을 계산하느라 20년을 보냈다. 그 결과, π의 값을 소수점 아래 35자리까지 구했다.

π = 3.14159265358979323846264338327950288…

그래서 지금도 독일과 네덜란드에서는 원주율을 루돌프수라고 부른다. 그렇지만 이 방법은 아무리 생각해도 너무 무식한 방법처럼 보인다. 바로 그때, 불세출의 영웅 뉴턴이 새로운 방법을 들고 나타났다!

미적분은 바로 이전 사람들이 썼던 것과 똑같은 방법을 수학적으로 처리하는 방법이다. 즉, 측정 단위를 점점 더 축소함으로써 정답에 가까이 다가가는 방법이다. 문제는 정답을 얻으려면 측정 단위를 '무한히' 작게 잡아야 한다는 점인데, 뉴턴은 그것을 수학적으로 해결하는 방법을 찾아냈다.

뉴턴은 미적분을 사용해 π의 값을 구할 수도 있었지만 굳이 거기에 매달리진 않았는데, 그가 태어나기 얼마 전에 π의 값을 정확하게 구하는 다른 방법들이 발견되었기 때문이다. 그래도 시도는 해 보았는데, 그가 한 간단한 계산에는 다음과 같은 것이 있었다.

$$\frac{\pi}{6} = \frac{1}{2} + \frac{1}{2}\left(\frac{1}{3\times 2^3}\right) + \frac{1\times 3}{2\times 4}\left(\frac{1}{5\times 2^5}\right) + \frac{1\times 3\times 5}{2\times 4\times 6}\left(\frac{1}{7\times 2^7}\right) + \cdots$$

뉴턴이 미적분을 개발한 진짜 이유는 55쪽에서 본 것처럼 곡선 위에서 점이 변함에 따라 접선의 방향이 어떻게 변하는지 정확하게 알기 위해서였다.

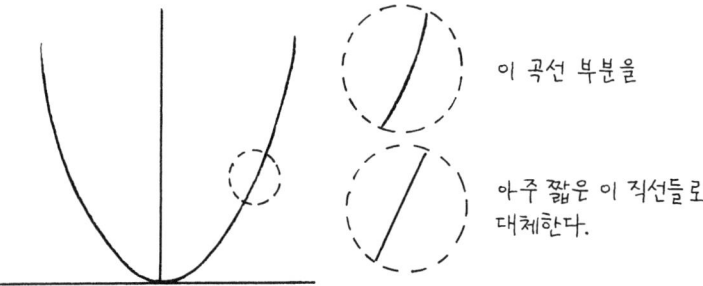

이 곡선 부분을

아주 짧은 이 직선들로 대체한다.

곡선에서 아주 짧은 부분을 들여다본다고 생각해 보자. 먼저 그 부분을 직선으로 대체한다. 뉴턴이 알고자 한 것은 그 직선의 경사가 얼마나 가파른가 하는 것이었다. 다시 말해서 이 작은 직선의 기울기는 얼마일까?

기울기

가파른 언덕을 올라간다고 상상해 보라. 언덕의 기울기는 다음과 같은 방법으로 구할 수 있다.

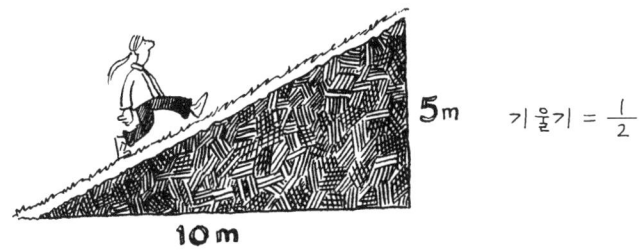

위로 걸어 올라간 높이를 수평 방향으로 걸어간 거리로 나누면 바로 기울기가 된다. 이 예에서는 앞으로 10m를 걸어가는 동안 위로는 5m를 올라갔다. 따라서 5÷10 하면, 기울기는 $\frac{1}{2}$이 된다.

가끔 도로 표지판에 도로의 기울기, 즉 경사가 표시돼 있는데, 백분율로 표시하는 경우가 많다. 기울기가 20%로 표시돼 있다면, 그것은 곧 $\frac{1}{5}$과 같다. 즉, 5m를 나아갈 때마다 1m씩 위로 올라간다는 뜻이다.

뉴턴의 아주 짧은 직선 중 하나의 기울기를 측정하기 위해, 그 직선을 수평 방향의 아주 짧은 직선 성분과 수직 방향의 아주 짧은 직선 성분으로 나타내 보기로 하자.

$$\text{기울기} = \frac{\delta y}{\delta x}$$

이 직선이 아주 짧은 거리 δx만큼 나아갈 때 위로 올라가는 아주 짧은 높이를 δy라고 표시하자.(δ는 그리스 어 알파벳 문자로 '델타'라고 읽는다. 수학에서는 엄청나게 작은 양을 나타내는 기호로 쓰인다. 델타는 대문자인 Δ로 쓸 때도 많다.)

따라서 언덕을 걸어 올라갈 때와 마찬가지로 곡선 위의 아주 작은 직선의 기울기는 $\frac{\partial y}{\partial x}$로 나타낼 수 있다.

뉴턴은 여기서 한 걸음 더 나아갔다. 아주 작은 직선이 점점 더 끝없이 작아지다가 더 이상은 작아질 수 없는 무한히 작은 점이 되면 어떻게 될까 하고 생각해 보았다. 무한히 작은 이 직선의 기울기를 $\frac{dy}{dx}$라고 나타낸다. 무슨 차이가 있을까? 'ծ'라는 문자를 'd'로 바꾼 것밖에 없지 않은가?

바로 여기서 마법 같은 일이 일어난다. 뉴턴이 다룬 곡선은 그 위를 따라 이동하면 기울기가 계속 변한다.

뉴턴은 여기서 기울기의 변화율을 분명하게 보여 주는 방정식을 구할 수 없을까 하고 생각했다.

엄청나게 어렵고 복잡한 수학 계산을 수없이 계속한 끝에 마침내 뉴턴이 해냈다!

$y = x^6$이라는 방정식을 좌표 위에 곡선으로 나타냈다고 하자.

곡선 위의 어느 점에서 기울기를 구하려면, 그 점에서 $\frac{dy}{dx}$의 값을 알아내야 한다. 그 방법을 미분이라고 하는데 뭔가 상당히 어려울 것처럼 보이지만 실제로는 아주 간단하다. 단 두 단계 과정만 거치면 된다.

- x^6에서 6을 복사해 맨 앞에다 갖다 붙인다.
- 그리고 남은 6에서 1을 빼 준다.

그렇게 하면 $\frac{dy}{dx} = 6x^5$이라는 결과가 나온다.

그렇다! 이것이 바로 미분이다! 그 어렵다는 미분 계산은 알고 보면 초등학생도 충분히 풀 수 있을 만큼 간단하다!

그럼 이번에는 $y = x^4$을 미분해 볼까? 4를 맨 앞에다 붙이고, $4 - 1 = 3$이니까, $\frac{dy}{dx} = 4x^3$이다! 세상에 이렇게 쉬울 수가! 혹시 여러분은 수학 영재가 아닐까?

그런데 뉴턴이 미분을 왜 발명했는지 잊어서는 안 된다. 뉴턴은 $\frac{dy}{dx}$를 알아내면 곡선 위의 어느 점에서 기울기가 얼마인지 알 수 있고, 더 중요한 것은 곡선이 변함에 따라 기울기가 어떻게 변하는지 분석할 수 있기 때문이라고 했다. 그러자 미분은 다시 조금 다른 용도로 쓰이게 되었다. 한 축에는 거리를, 다른 축에는 시간을 나타낸 좌표 위에 물체가 얼마나 빨리 달리는지 그래프로 그릴 수 있다. 이 그래프는 차의 속도가 갈수록 빨라지는 걸 보여 준다.

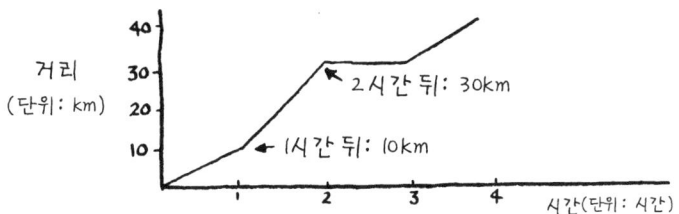

처음 한 시간 동안 차는 10km를 이동했다. 그렇지만 그 다음 한 시간 동안 차는 20km를 이동했다. 따라서 시간이 흐를수록 차가 더 빨리 달린 게 분명하다. 속도가 증가한 것(즉, 가속도)은 선의 기울기가 더 가팔라진 것으로 나타나는데, 뉴턴은 이 모든 것을 미분을 사용해 서로 연결지을 수 있다는 사실을 발견했다. 이것은 수학사에서 한 획을 긋는 중요한 발견이었다.

그리고 뉴턴은 가속도 문제를 풀면 행성들이 왜 그렇게 움직이는지 이해하는 데에도 큰 도움이 된다는 사실을 깨달았다. 이것은 장차 중력을 발견하는 데에도 도움이 되었다.

뉴턴이 발견한 수학의 기적은 과학에 큰 전환점을 가져오는 계기가 되었다!

비밀을 좋아한 뉴턴

뉴턴은 괴짜 기질로도 유명한데 여기서 그 것을 살펴보자.

어릴 때 아서에게 공격을 받았을 때 본 것처럼 뉴턴은 누가 건드리면 불같이 화를 냈고 걸핏하면 폭발했다. 그랬으니 공부나 연구를 혼자서 하길 좋아하고, 친한 친구가 한 명밖에 없던 것도 전혀 이상한 일이 아니다. 여러분 생각에 그런 뉴턴이 세상을 뒤흔들 만한 획기적인 수학적 발견을 했다면 어떻게 했을 것 같은가? 좋아서 팔딱팔딱 뛰면서 모든 사람에게 그것을 알렸을까? 비싼 돈을 받고 팔려고 했을까? 자신의 엉덩이에 그 것을 문신으로 새기려고 했을까?

아니었다!(음, 그렇지만 문신 이야기는 확인할 수 없다.)

자신이 발견하거나 발명한 다른 것들과 마찬가지로, 그것을 비밀 공책에 써 놓고는 아무에게도 말하지 않았다.

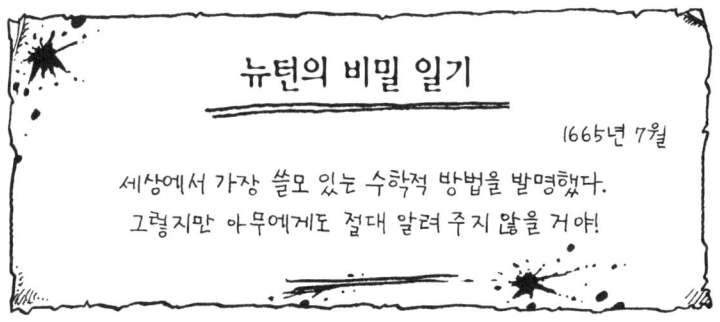

이런 행동은 아주 이상해 보일 수 있지만, 여러분은 그런 경험이 없는가? 여러분이 정말로 좋아하는 일을 하고 있을 때 슬그머니 다가와서 "별 시시한 걸 다 하고 있네!"라거나 "그걸 그렇게 하면 안 되지!"라거나 "할 일이 그렇게 없니?"라고 말하는 사람이 있지 않은가? 이런 사람들은 여러분이 잘못하지 않았는데도 잘못했다고 말하고, 혼자서 쓸데없는 일에 매달리지 말고 다른 사람들이 다 하는 일을 하면서 살라고 말한다.

성격이 괴팍한 뉴턴은 누가 조금이라도 비판을 하면 참지 못해 자신이 무슨 연구를 하는지 아무에게도 말하지 않았다. 게다가 유명해지는 것도 별로 달갑게 여기지 않았다. 그저 혼자서 자기 연구에 몰두하는 것으로 만족했다. 그렇지만 불행하게도 이 때문에 뉴턴이 발명한 미적분은 나중에 큰 논란을 일으키게 된다.

루카스 석좌 교수

그런데 뉴턴이 자신의 연구를 아무에게도 말하지 않은 것은 아니었다. 케임브리지에는 그가 신뢰하는 사람이 딱 한 사람 있었는데, 자신의 스승인 아이작 배로였다. 배로는 '루카스 석좌 교수'였다.

- '루카스 석좌 교수'(정식 명칭은 루카스 수학 석좌 교수)란 이름은 케임브리지 대학을 대표하는 의원이던 헨리 루카스의 이름에서 딴 것이다. 루카스는 대학에 많은 재산을 기부하면서 거기서 매년 100파운드를 루카스 석좌 교수

에게 지급하게 했다.
- 1663년에 처음 생긴 루카스 석좌 교수는 그 후 세상에서 큰 존경을 받는 자리가 되었다.
- 루카스 석좌 교수는 생긴 지 약 350년이 지났는데, 지금까지 이 자리에 앉은 사람은 모두 18명뿐이다. 그들은 모두 당대의 유명한 수학자나 과학자였다.
- 얼마 전에는 스티븐 호킹이 그 자리에 있었고, 2009년 10월에 '끈 이론' 전문가인 마이클 그린이 호킹의 뒤를 이어 그 자리를 물려받았다. 끈 이론은 우주의 모든 것이 어떻게 만들어지고 유지되는지 설명하는 이론이다.

뉴턴이 케임브리지에 입학했을 때 배로는 뉴턴을 별 볼 일 없는 학생으로 여겼다. 그렇지만 2년쯤 지나자 배로는 뉴턴이 굉장한 천재이며, 다른 학생들처럼 쓸모없는 사람이 아니라 과학계의 다이아몬드 같은 존재라는 사실을 알게 되었다.

배로는 머리가 좋을 뿐만 아니라 호탕한 사람이어서 온갖 종류의 기행을 서슴지 않았는데, 한번은 터키에서 주먹싸움을 벌여 이기기까지 했다. 두 사람은 성격이 아주 달랐지만 서로 친하게 지냈다. 그것은 배로가 수학을 잘 했을 뿐만 아니라, 연금술과 종교에도 관심이 많았고, 연구에 몰두하면 아주 오랫동안 일했으며, 뉴턴에게 생일 선물을 주었기 때문이기도 하지만, 무엇보다도 야심이 컸기 때문이다. 배로는 항상 그 다음에 올라갈 자리를 호시탐탐 노렸다. 젊은 뉴턴은 그런 그에게 잘 보이면 인생에 도움이 되리라고 판단했다. 그래서 배로가 하던 광학 연구도 도와 주었는데, 그 연구가 틀렸다는 걸 알면서도 그렇게 한 것은 이 소중한 관계를 망치고 싶지 않았기 때문이다.

그것 말고도 뉴턴과 배로는 공통점이 한 가지 더 있었다.

훔쳐 간 연구

뉴턴은 배로에게 미적분(그는 그것을 '유율'이라 불렀다) 연구를 일부 보여 주었는데, 몇 년 뒤에 배로는 그것을 수학 전문 출판업자인 존 콜린스에게 건네 주었다. 콜린스는 세상 사람들이 그것을 볼 수 있도록 출판하길 원했지만 뉴턴은 한사코 거부했다. 이것은 나중에 큰 분쟁을 낳는 씨앗이 되었다.

런던 타임스

1684년 10월

독일인이 경이로운 수학을 발견하다

고트프리트 라이프니츠라는 독일인 수학자가 운동과 속도를 분석할 수 있는 천재적인 수학 체계를 만들었다. 어제 그는 "나는 이것을 미적분이라고 부르기로 했어요."라고 말했다. 그리고 "이 모든 것을 나 혼자서 생각해 낸 거예요. 나, 아무래도 천재 같지 않아요?"라고 덧붙였다.

사실이다! 정말로 라이프니츠는 순전히 혼자 힘으로 미적분을 발견한 것처럼 보였다. 연구한 것을 꼭꼭 숨겨 둔 뉴턴과는 반대로 라이프니츠는 1684년에 그것을 발표했다. 이 때문에 그 수학적 방법에는 '유율'이란 이름 대신에 '미적분'이란 이름이 붙게 되었다. 미적분 발견에 대한 공로를 라이프니츠가 독차지하자 뉴턴은 당연히 기분이 팍 상했다. 뉴턴은 자신이 연구한 것을 1704년에 가서야 발표했는데, 그때부터 시끄러운 논란이 시작되었다.

이 때문에 양측 사이에 치열한 싸움이 벌어졌다. 그 싸움은 12년 뒤에 라이프니츠가 죽을 때까지 계속되었다. 라이프니츠가 죽고 나서 얼마 후 뉴턴은 자신이 의심했던 것이 맞았다는 사실을 알아냈다. 콜린스가 자신의 유율 연구 일부를 라이프니츠에게 몰래 보여 주었던 것이다! 당연히 뉴턴은 분노를 참지 못했고, 이 일은 양국 국민 사이의 감정 싸움으로까지 번졌다. 영국 수학자들은 수백 년 동안이나 유럽 대륙의 수학자들과 이에 대한 논쟁을 계속했다. 그렇지만 라이프니츠가 뉴턴의 아이디어를 훔쳐 미적분을 만들었다는 증거는 없다. 오늘날의 학자들은 두 사람이 각자 독자적으로 미적분을 만들었다고 본다.

그리고 $\frac{\partial y}{\partial x}$와 $\frac{dy}{dx}$를 비롯해 오늘날 미적분에 쓰이는 기호는 모두 라이프니츠가 사용한 것이다. 뉴턴이 사용한 기호는 너무 복잡하고 혼란스러웠다. 어쨌거나 미적분을 둘러싼 분쟁은 너무 앞서 간 이야기이니, 다시 1665년 가을로 돌아가기로 하자.

흑사병을 피해(어쩌면 연구를 방해하는 사람을 피할 수 있었던 것이 더 중요했을 수도 있다) 고향으로 돌아온 뉴턴은 아직 그곳에 머물고 있었다. 낮의 길이는 점점 짧아지고 있었고 들판의 곡식을 추수할 때가 점점 가까워졌다. 뉴턴의 정원에는 사과나무가 하나 있었는데, 거기에 높이 달린 사과 하나가 과학 지식에 혁명을 일으킬 준비를 하고 있었다.

중력의 비밀을 알아내다

중력 이야기는 사실은 몇 년에 걸쳐 일어났고, 모든 것을 비밀에 부치는 뉴턴의 성격 탓에 각각의 새로운 개념을 생각한 때가 정확하게 언제인지 딱 꼬집어 말하기가 어렵다. 다만, 이 모든 일이 1665년 가을에 뉴턴이 울즈소프의 정원에 앉아 있을 때 시작된 것은 분명하다.

그 무렵에 뉴턴은 읽어야 할 것은 거의 모두 다 읽었으며, 그 중에서 받아들여야 할 것과 폐기 처분해야 할 것이 어떤 것인지 판정을 내렸다.

그렇지만 뉴턴이 그 연구를 아주 높이 평가한 사람이 두 사람 있었다. 뉴턴은 그들의 연구를 읽고 며칠 동안 계속 깊이 생각했다.

요하네스 케플러를 기억하는가? 케플러는 20년 동안 하늘을 관측하고 계산을 거듭한 끝에 행성의 운동에 관한 법칙을 알아내 1609년에 《새로운 천문학》이란 책으로 발표했다.(케플러의 법칙은 모두 세 가지인데, 1609년에는 두 가지만 발표하고 세 번째 법칙은 1619년에 발표했다.) 불세출의 천재인 뉴턴은 이 법칙을 보자마자 즉각 이해했지만, 우리는 단계적으로 접근해야 할 필요가 있으니 우선 간단한 버전부터 보기로 하자.

케플러의 법칙 – 간단한 버전
1. 행성은 태양 주위를 돌 때, 태양에 가까이 다가갔다가 다시 멀어진다.(태양에 가장 가까이 다가간 거리와 가장 멀어진 거리의 차이가 큰 행성이 있는가 하면, 거의 차이가 없는 행성도 있다.)
2. 행성이 태양에 가까이 다가갈 때에는 움직이는 속도가 더 빨라진다.

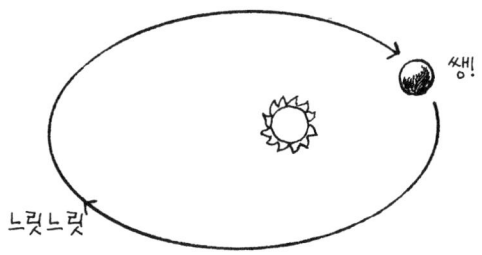

3. 태양에서 먼 행성일수록 태양 주위의 궤도를 한 바퀴 도

는 데 걸리는 시간이 더 길다. 돌아야 하는 거리도 더 멀 뿐만 아니라 궤도에서 움직이는 속도로 느리다.

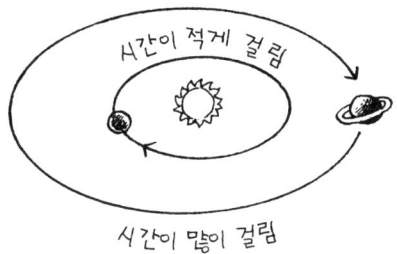

어때? 너무 간단하고 쉽지? 조금 더 복잡한 걸 알고 싶어 몸이 근질거린다면, 이번에는 제대로 된 케플러의 법칙을 살펴보기로 하자.(아, 물론 지금 그럴 기분이 아니라면, 나중에 달리 할 일이 없어 따분할 때 다시 돌아와 읽어도 된다.)

케플러의 법칙 – 정식 버전

1. 행성은 태양 주위를 타원 궤도로 돈다.

케플러는 행성들이 태양 주위를 도는 궤도가 원이 아니라 타원이라는 사실을 알아냈다. 타원이란 쉽게 말하면 원이 약간 짜부라진 것이라고 생각하면 된다. 타원을 그리는 방법은 다음과 같다.

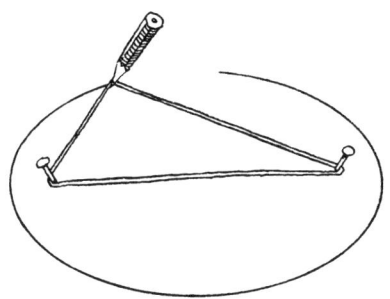

종이 위에 압정 2개를 꽂아 놓고, 그 주위에 헐겁게 고리 모양의 실을 걸친다. 실 안쪽에 연필을 집어넣고 실을 팽팽하게 잡아당기면서 두 압정 둘레로 빙 돌리면서 선을 긋는다. 이렇게 해서 얻은 모양이 타원이다.

타원의 정의는 '평면 위의 두 정점에서의 거리의 합이 언제나 일정한 점의 자취'인데, 여기서 압정을 꽂은 두 점이 바로 두 정점이며, 타원의 '초점'이라고 부른다. 원은 중심이 1개 있지만 타원은 초점이 2개 있다. 만약 두 압정을 가까이 가져가 서로 겹치게 하면 타원은 원이 된다.

케플러의 첫 번째 법칙은 계속해서 이렇게 이야기한다.

태양은 타원의 한 초점에 위치한다.

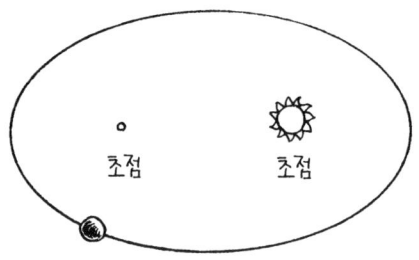

그림에서 보듯이, 이것은 행성이 가끔 평소보다 태양에 더 가까이 다가갈 때가 있다는 것을 뜻한다. 위의 그림은 행성의 타원 궤도를 좀 과장해서 나타낸 것인데, 행성의 궤도는 대부분 원에 아주 가깝기 때문이다. 그렇지만 타원을 원과 구분하기 힘들게 그려 놓으면 재미가 없잖아?

2. 행성과 태양을 잇는 선이 같은 시간 동안 그리는 면적은 동일하다.

이 법칙은 정말로 놀라운 사실을 말해 준다.

케플러는 행성이 태양에서 멀어지면 속도가 느려지고, 태양에 가까워지면 속도가 빨라진다는 사실을 발견했다. 그리고 놀라운 천재성을 발휘하여 그 속도가 어떻게 변하는지 표현하는 방법을 생각해 냈다.

태양과 한 행성이 종이 위에 있다고 가정하자. 그리고 둘 사이에 잉크를 묻힌 실이 연결돼 있다고 하자. 한 달이 지나면 어떻게 될까?

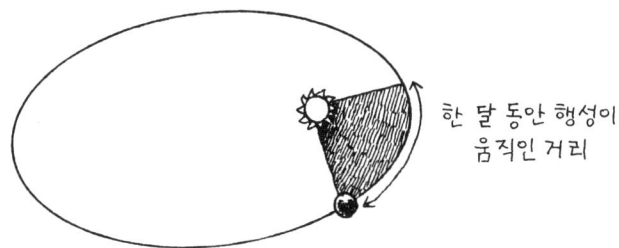

종이 위에 잉크로 칠해진 부분이 생길 것이다.

이번에는 잉크를 묻힌 실이 없이 행성을 몇 달 동안 움직이게 내버려 둔 다음, 다시 잉크를 묻힌 실로 태양과 행성을 연결하고서 한 달이 지난 뒤에 보면 어떻게 될까? 이번에는 잉크로 칠해진 부분이 이런 모양으로 나타날 것이다.

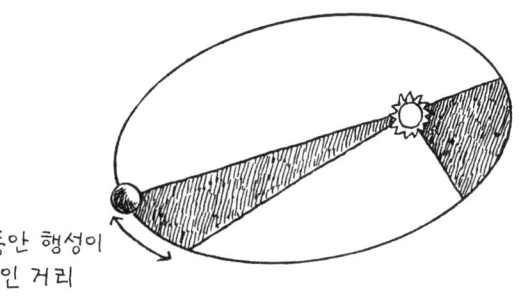

케플러는 두 면적은 행성이 한 달 동안 움직여서 생긴 것이니 서로 똑같다고 말한 것이다. 물론 왼쪽 면적은 모양이 더 길고 가는데, 행성이 태양에서 멀리 떨어져 느리게 움직이기 때문이다. 오른쪽 면적은 모양이 더 짧고 뚱뚱한데, 행성이 태양 가까이에서 더 빨리 움직이기 때문이다.

이 법칙을 사용하면 행성의 속도를 대충 짐작하는 데 그치는 게 아니라, 아주 정확하게 계산할 수 있다.

3. $\dfrac{T^2}{r^3} = k$

정말 간단하지? 그렇지만 수식은 보기만 해도 현기증이 나는 사람을 위해 말로 풀어서 설명해 보자.

행성이 태양 주위를 한 바퀴 도는 데 걸리는 시간(공전 주기)을 제곱한 것은 행성과 태양 사이의 평균 거리를 세제곱한 것과 비례한다.

이제 수식이 잘 이해되지? 물론 이 수식을 이해하려면 수학을 좀 알아야 하지만, 뭐 여기까지 왔으니 여러분에게 이 정도는 식은 죽 먹기일 것이다.

케플러의 세 번째 법칙을 쉽게 설명하기 위해 가상의 두 행성이 가상의 태양 주위를 돌고 있는 상황을 가정해 보자.

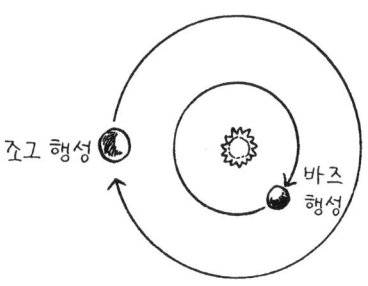

그러면 세 번째 법칙 공식은 다음과 같이 쓸 수 있다.

$$\frac{(바즈의 공전 주기)^2}{(바즈와 태양 사이의 거리)^3} = \frac{(조그의 공전 주기)^2}{(조그와 태양 사이의 거리)^3}$$

즉, 바즈의 공전 주기를 제곱한 것을 바즈와 태양 사이의 거리를 세제곱한 것으로 나눈 값은 조그에 대해서도 똑같이 한 값과 같다. 만약 가상의 태양 주위에 행성이 더 많이 돌고 있다면, 그것들도 모두 똑같은 공식에 집어넣을 수 있으며, 그러면 수식은 훨씬 거추장스러워 보일 것이다. 어쨌거나 여기에 숫자를 직접 대입하면 좀 간단해지는지 살펴보기로 하자.

바즈가 태양에서 1억 km 거리에, 조그는 2억 km 거리에 있다고 하자. 그리고 바즈가 태양 주위를 한 바퀴 도는 데 10년이 걸린다고 하자. 그러면 우리는 케플러의 세 번째 법칙을 사용해 조그가 태양 주위를 한 바퀴 도는 데 걸리는 시간을 계산할 수 있다. 우리가 알고 있는 수치를 위의 공식에다 대입하기만 하면 된다. 시간은 연 단위로, 거리는 km 단위로 하여 계산해 보자.

$$\frac{10^2}{1^3} = \frac{(조그의 공전 주기)^2}{2^3}$$

식을 정리하면, (조그의 공전 주기)^2 = 800이 된다.

따라서 조그의 공전 주기=$\sqrt{800}$년이라는 답이 나온다. 800년은 약 28.28년에 해당한다.

자, 조금 복잡하고 길었지만, 이제 케플러의 세 번째 법칙을 완전히 이해했겠지? 다행히도 케플러의 법칙은 이것으로 끝이다. 그럼, 여기서 케플러에게도 작별을 고하자. 왜냐하면 케플러의 인생은 그 뒤로 내리막길을 걷다가 비참하게 끝났기 때문이다. 1630년 11월의 어느 날, 가난에 쪼들리던 케플러는 받아야 할 돈을 독촉하려고 다른 도시로 가던 도중에 심한 열병에 걸렸고, 얼마 후 쉰아홉 살 생일을 한 달 앞두고 영영 눈을 감았다. 그렇지만 그의 천재성은 뉴턴에게 큰 영감을 제공했고, 그 때문에 그의 이름은 영원히 기억될 것이다.

갈릴레이

뉴턴이 높이 평가한 또 한 사람은 갈릴레이였다. 우연히도 갈릴레이는 뉴턴이 태어나던 해에 죽었다. 그래서 이야기를 지어 내길 좋아하는 사람들은 갈릴레이가 뉴턴으로 환생했다고 말한다. 뉴턴이 갈릴레이의 천재성뿐만 아니라 걸핏하면 화를 내는 성격까지 그대로 이어받은 것처럼 보이는 것은 이 때문일까? 그렇지만 그런 건 그저 재미있는 전설로 여기고, 우리는 사실만 살펴보기로 하자.

갈릴레이는 지구가 태양 주위를 돈다고 주장한 것 외에 낙체는 모두 속도가 일정하게 증가한다는(즉, 가속도가 일정하다는) 사실을 발견했다.

설마 이 말을 듣고 '오, 제발! 또 복잡한 수학 방정식이 잔뜩 나오겠군!' 하고 생각하는 건 아니겠지? 그렇지만 안심해도 좋다. 다행히도 우리의 솜씨 좋은 화가 리브가 재미있는 만화로 설명했으니 말이다.

갈릴레이가 발견한 원리는 대충 이런 것이었다. 사람들은 갈릴레이가 이 실험을 피사의 사탑에서 했다고 이야기한다. 뭐 실제로는 그러지 않았다고 주장하는 사람들도 있지만, 어쨌거나 그렇게 이야기하는 편이 훨씬 재미있잖아?

무게에 상관 없이 낙체는 같은 시간에 같은 거리만큼 떨어진다는 사실을 발견한 갈릴레이는 거기서 한 걸음 더 나아가 물체가 떨어질 때에는 가속도가 일정하다는 사실까지 알아냈다.

다음 실험을 직접 해 보면 그것을 입증할 수 있다. 어린 독자라면 어른의 도움이 필요할지도 모른다. 먼저 준비물부터 챙겨야겠지?

- 속도계가 달린 코끼리 한 마리
- 큰 문이 달린 비행기
- 스톱워치
- 쌍안경
- 큰 대걸레와 물통

이제 코끼리를 비행기에 집어넣고 하늘 높이 올라간다. 수천 m 상공에 이르렀을 때, 코끼리를 문 밖으로 밀어 떨어뜨린다. 그와 동시에 스톱워치를 누르고, 쌍안경으로 코끼리에게 붙어 있는 속도계를 본다.

그러면 다음과 같은 사실을 발견할 것이다.

- 1초 뒤, 코끼리는 초속 10m로 떨어질 것이다.
- 2초 뒤, 코끼리는 초속 20m로 떨어질 것이다.
- 3초 뒤, 코끼리는 초속 30m로 떨어질 것이다.
- 4초 뒤, 코끼리는 초속 40m로 떨어질 것이다.

그 뒤는 말 안 해도 알겠지? 즉, 코끼리의 낙하 속도는 1초가 지날 때마다 초속 10m씩 증가한다.(정확하게는 10m가 아니라 9.8m이지만, 대충 그렇다고 하고 넘어가자.) 코끼리가 막 떨어지기 시작했건 떨어진 지 한참 지났건 간에 상관 없다. 코끼리는 1초가 지날 때마다 낙하 속도가 10m씩 증가한다. 이렇게 가속도가 일정한 운동을 등가속도 운동이라고 한다.

그렇지만 실제 실험에서는 등가속도에 영향을 주는 요소가 두 가지 있다. 하나는 코끼리가 아주 빨리 떨어질 때 속도를 늦추는 작용을 하는 공기 저항이다. 그렇지만 그 효과가 눈에 띄게 나타나려면 비행기가 아주 높이 떠야 할 것이다. 또 한 가지는 땅이다. 코끼리가 땅에 닿으면…… 음, 준비물로 큰 대걸레와 물통을 챙기라고 한 이유를 알겠지?

한편, 뉴턴은……

다시 울즈소프의 정원에 앉아 있는 뉴턴에게 돌아가 보자. 뉴턴은 실제 관측 결과와 너무나도 잘 맞아 떨어지는 케플러의 법칙에 대해 생각하고 있었다. 그런데 케플러의 법칙은 왜 성립하는 것일까?

물론 뉴턴은 갈릴레이의 등가속도 운동 개념도 잘 알고 있었지만, 공중에서 땅으로 떨어지는 물체의 운동과 태양 주위를 도는 행성의 운동은 종류가 달라 보였다. 뉴턴은 둘 사이에 밀접한 관계가 있다는 사실을 꿈에도 생각지 못했지만, 정원에 있던 누군가는 알고 있었다.

앨리스가 힌트를 떨어뜨리고……

앨리스가 그랜섬 시장에서 이곳으로 날아오고 난 뒤 많은 세월이 흘렀다. 앨리스는 흙 속에서 싹이 터 뿌리를 뻗었고, 땅 위로 처음 돋아난 순은 얼마 뒤 줄기로 자랐으며, 거기서 많은 가지가 뻗어 나왔다. 앨리스의 잎들은 햇빛을 받아 찬란하게 반짝이면서 생명의 힘을 받아 탐스러운 초록색 과일을 맺었다. 과일 속에는 다음 세대를 이어 갈 씨들이 들어 있었다.

앨리스는 자신의 그림자 아래에 앉아 있는 사람을 알았지만, 눈으로 보거나 소리를 들어서 안 것은 아니었다. 대신에 그 사람이 생각에 몰두할 때 나오는 열기를 느낄 수 있었다. 앨리스는 계산이 어긋나거나 모순되는 생각들이 충돌할 때 해답을 찾느라 낑낑대는 젊은이의 모습이 안쓰러웠다. 그저 작은 불씨 하나만 있으면 올바른 지식의 불길을 활활 타오르게 할 수 있을 것 같았는데, 바로 그것이 없어 젊은이는 머리를 싸매고 있었다. 보다못해 앨리스는 자신이 그 불씨를 제공하기로 했다.

　앨리스는 높은 가지에 달려 있던 과일 하나를 떨어지게 했다. 앨리스는 그러면 자연의 힘이 그것을 일정한 가속도로 땅으로 떨어뜨리란 걸 알고 있었다. 그러나 젊은이가 이 단서를 알아챌 수 있을까?

　이렇게 해서 사과가 떨어졌다.

뉴턴이 그것을 알아차리다

뉴턴은 도대체 무슨 소릴 하는 걸까? 쉽게 설명하기 위해 다음 예를 살펴보자.

여러분이 끈에 달린 공을 붙잡고 주위로 빙빙 돌린다고 상상해 보자.

그러면 공이 여러분에게서 달아나려고 하는 힘을 느낄 수 있다. 만약 실을 탁 놓는다면, 실제로 공은 멀리 날아가 버릴 것이다.

지구 주위를 돌고 있는 달도 마찬가지다. 달도 공처럼 멀리 달아나려고 하지만, 어떤 힘 때문에 제자리에 머물러 있다. 공은 실에 묶여 있고 여러분이 실을 붙잡고 있어 달아나지 못하지만, 달은 왜 제자리에 붙들려 있는 것일까? 그것은 바로 그 보이지 않는 힘 때문이다.

　물론 오늘날 우리는 그것을 그래비티(gravity), 곧 중력이라고 부르지만, 모든 물체를 땅으로 끌어당기는 보이지 않는 힘은 아리스토텔레스 시대부터 '무거움'이란 뜻의 그라비타스(gravitas)라고 불러 왔다. 어쨌든 이름이야 수천 년 동안 같은 걸 써 왔다 하더라도, 그 본질을 정확하게 이해한 사람은 뉴턴이 처음이었다.

　중력은 오래된 수수께끼 하나를 해결해 주었다. 아리스토텔레스는 지구가 움직인다면 우리가 우주로 날아갈 것이기 때문에 지구는 움직이지 않는다고 말했다. 실제로 만약 중력이 없다면, 아리스토텔레스의 말대로 우리는 모두 우주로 날아가 버릴 것이다. 그렇지만 지표면에 작용하는 중력은 우리를 꽉 붙들어 둘 수 있을 정도로 충분히 강하다. 그것 참 정말 다행이지, 그렇지?

　뉴턴은 또 지구에서 멀어질수록 중력의 세기가 점점 약해진다는 사실도 알아냈다. 물론 이것은 아주 간단하게 이야기한 것이다. 뉴턴은 케플러의 세 번째 법칙을 사용해 그것을 알아냈다. 행성이 태양 주위를 한 바퀴 도는 데 걸리는 시간(공전 주기)을 제곱한 것은 행성과 태양 사이의 평균 거리를 세제곱한 것과 비례한다는 법칙 말이다. 뉴턴은 거기서 추론하여 중력의 세기가 '역제곱 법칙'을 따른다는 사실을 알아냈다. 역제곱 법칙이란, 힘의 크기가 거리의 제곱에 반비례하는 관계를 가리키는 말이다. 예를 들어 달과 크기와 무게가 똑같은 두 번째 달이 지금 달의 두 배 거리에 있다고 생각해 보자. 그 달에 미치는 지구 중력의 크기는 $2^2 = 4$(거리의 제곱)에 반비례하므로, 지금 달에 미치는 중력에 비해 4분의 1로 줄어든다. 만약 10배 거리에 있다면, 10의 제곱에 반비례하므로 중력의 크기는 100분의 1로 줄어든다. 뉴턴은 이 모든 것을 단순한 추론만으로 알아냈다!

뉴턴의 비밀 일기

나의 중력 개념을 사용해 달이 움직이는 방식을 계산해 보았다. 그리고 그것을 실제 달의 움직임과 비교해 보았다. 둘은 서로 아주 비슷하다. 그렇지만 아주 비슷한 것만으로는 충분치 않다. 완벽하게 일치해야 한다!

의문 - 중력은 어떻게 작용할까? 지구 표면과 달 표면 사이에 작용하는 것일까? 아니면 지구 중심과 달 중심 사이에 작용하는 것일까? 이와 관련된 수학 방정식을 푸느라 돌아 버릴 것 같다!

그런데 여기에서는 뉴턴이 푼 수학 방정식이라고는 눈을 씻고 봐도 보이지 않지? 실망했다면 미안! 그렇지만 그런 걸 보기만 해도 머리가 지끈거리는 독자가 있을까 봐 소개하지 않기로 했다. 그런데 그 당시에는 지구의 지름을 측정한 값이 정확하지 않기 때문에, 뉴턴이 계산한 달의 움직임과 실제 관측 결과가 정확하게 일치하지 않았다. 거기서 좌절을 느낀 뉴턴은 그만 계산을 포기하고 오랫동안 내팽개쳐 두었다.

뉴턴은 1665년에 울즈소프에서 중력 개념을 처음 생각했지만, 뉴턴답게 그것을 입 밖에 내지 않았다. 완벽주의자인 뉴턴은 털끝만 한 실수도 없도록 모든 것을 꼼꼼하게 확인하려고 했다. 누가 작은 실수라도 발견해 비난하는 것을 도저히 참을 수 없었기 때문이다. 결국 모든 것을 꼼꼼하게 따지고 확인하고 수정하여 완벽하게 만든 뒤에 발표하기까지 무려 20년이라는 세월이 걸렸다. 그것은 과학의 역사를 통틀어 가장 유명한 책으로 꼽히는 《프린키피아》를 통해 발표되었다.

그렇지만 여기서 다시 1666년 1월로 돌아가 보자. 뉴턴은 중력에 대한 생각을 잠시 멈추고, 대신에 다른 연구에서 빛나는 천재성을 발휘했다.

색의 비밀

뉴턴은 흑사병을 피해 아직 울즈소프에 머물고 있었다. 그렇지만 남쪽으로 잠깐 여행을 떠난 적이 있었다. 케임브리지 외곽에 위치한 강변에서는 해마다 스투어브리지 축제가 열렸는데, 거기서 유리 프리즘을 샀기 때문이다.

그때까지만 해도 사람들은 색은 빛과 어둠이 다양하게 섞여서 나타나는 것이라고 믿었다.

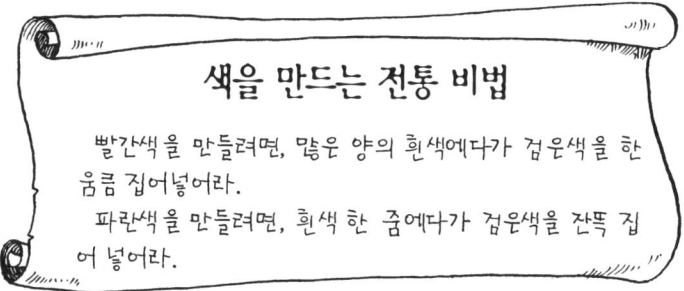

색을 만드는 전통 비법

빨간색을 만들려면, 많은 양의 흰색에다가 검은색을 한 움큼 집어넣어라.

파란색을 만들려면, 흰색 한 줌에다가 검은색을 잔뜩 집어 넣어라.

그것은 아주 그럴듯한 생각이었지만 조금만 생각해 보면 이치에 맞지 않는다는 걸 알 수 있다. 여러분이 읽고 있는 이 책 역시 빛과 어둠이 섞인 것이다. 따라서 그 낡은 이론에 따르면, 책을 조금 멀리 떼어 놓고 보면 빛과 어둠의 짙은 정도가 섞여 어떤 색이 나타나야 할 것이다. 그렇다면 여러분의 눈에는 어떤 색이 보일까?

뉴턴도 그렇게 생각했다.

그 전에 데카르트는 햇빛을 분석하려고 시도하여 거기서 빨간색과 파란색의 두 가지 색을 만들어 냈다.

엉? 이 사람은 누구지?

음, 그렇지만 이 책의 주인공은 뉴턴이니, 그냥 무시하고 넘어갈래요.

어쨌거나 뉴턴은 빛에 대한 실험을 하기 시작했다.

네, 그건 사실이지만, 뉴턴은 그 내용을 대부분 쓸데없는 것이라고 생각했는데요?

　네, 그랬죠. 그렇지만 당신의 생각은 데카르트의 주장을 바탕으로 한 것이었죠. 데카르트는 빛과 어둠이 섞여서 색이 나온다고 말했고, 또 빛은 일종의 압력이며, 그것이 우리 눈 뒤쪽을 짓누르기 때문에 우리가 빛을 느낀다고 말했지요. 데카르트의 이 생각들은 완전히 틀린 것이니, 당신의 생각 역시 마찬가지죠!

섬뜩한 실험

　뉴턴은 빛에 대해 맨 처음 한 실험에서 자신의 눈을 실험 대상으로 삼았다. 다음 이야기는 징그럽고 메스꺼울 수 있으므로, 비위가 약한 사람은 눈을 감고 읽도록!

뉴턴은 뾰족한 꼬챙이를 눈알 아래쪽을 통해 눈구멍 안으로 집어넣고는 최대한 안쪽으로 밀어 넣었다. 그러자 색을 띤 원이 여러 개 보였다. 뉴턴은 그 색이 어디서 나왔을까 하고 궁금했다. 아, 물론 심한 고통도 느꼈지만, 그 고통이 어디서 나왔는지 고민할 필요는 없었다.

심지어 자기 눈을 찌르는 것보다 더 위험한 짓도 했다. 눈에 어떤 효과가 나타나는지 알아보려고 해를 몇 시간이나 똑바로 쳐다본 것이다. 그래서 어떤 효과가 나타났을까? 하마터면 실명할 뻔했다. 뉴턴은 며칠 동안 캄캄한 방에서 지낸 뒤에야 간신히 시력을 회복할 수 있었다. 그 당시 사람들은 햇빛이 얼마나 눈에 위험한지 잘 몰랐다. 옛날에 항해를 하던 사람들은 바다 위에서 배의 위치를 알기 위해 '야곱의 지팡이'라는 직각기를 사용했는데, 이것은 맨눈으로 해를 관측하면서 해의 고도를 알아내는 장비였다. 이 때문에 많은 선장이 한쪽 눈이 멀고 말았다. 지금은 설사 선글라스를 썼다 하더라도 해를 똑바로 쳐다보아서는 안 된다는 사실을 누구나 알고 있다. 꼬챙이로 눈을 쑤시는 것이 어리석은 짓이라는 것은 말할 것도 없다.

시력을 회복한 뉴턴은 이번에는 분별 있게 햇빛을 프리즘에 통과시키는 실험을 했다.

아, 물론 그러시겠지요! 그렇지만 뉴턴이 한 게 훨씬 나았거든요.

뉴턴은 커튼 사이의 좁은 틈을 통해 가느다란 빛줄기를 통과시킨 뒤, 그것을 프리즘을 지나가게 했다. 프리즘을 통과한 빛은 구부러지면서 7m 떨어진 벽에 가 닿았다. 그러자 벽에 무지개 색깔의 아름다운 스펙트럼이 나타나는 게 아닌가!

(이 책을 아름답게 만들고 싶으면, 그림의 해당 부분에 색연필로 색을 칠해 보라.)

뉴턴은 이 현상을 이해하려고 노력했다. 그 당시 사람들은 백색광, 즉 보통 햇빛을 순수한 빛이라고 생각했다. 그러나 햇빛이 순수한 빛이라면, 한 줄기 햇빛에서 어떻게 다양한 색깔이 나타날까?

많은 연구 끝에 뉴턴은 백색광은 순수하지 않으며, 무지개 색

빨강
주황
노랑
초록
파랑
남색
보라

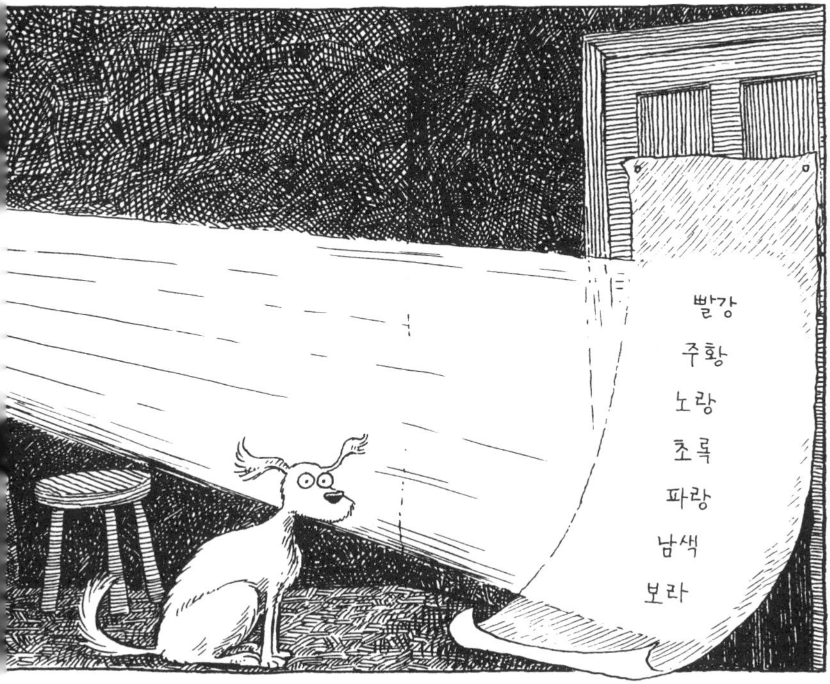

을 포함해 모든 색의 빛이 섞여 있는 것이란 사실을 깨달았다.

뉴턴은 그 뒤에도 빛과 색에 대해 만족할 때까지 실험을 더 많이 했는데, 그 이야기는 케임브리지로 돌아가고 나서 일어난 일이다.

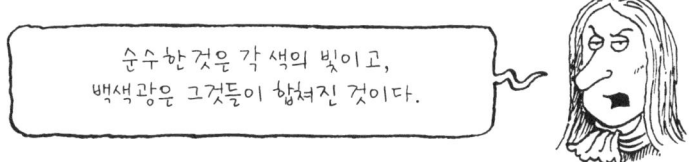

순수한 것은 각 색의 빛이고,
백색광은 그것들이 합쳐진 것이다.

그 전에 뉴턴은 울즈소프에서 다시 중력 문제에 매달렸는데, 문제 해결을 위해 또다시 놀라운 천재성을 발휘했다.

두 번째 수학의 기적

이제 좀 쉽고 편하게 책을 읽겠구나 하고 안심하는 순간, 여러분 앞에 미적분 장애물이 또 나타났다! 그렇지만 다행히도 이 장은 그렇게 긴 장은 아니다. 게다가 이 장만 지나면 런던에서 일어난 아주 흥미진진한 사건이 나오니 꾹 참고 읽어 보라.

뉴턴은 케플러의 법칙과 갈릴레이의 발견과 관련된 계산을 하느라 씨름하면서 '유율'을 조금 더 발전시켜야 할 필요를 느꼈다. 그래서 1666년에 '역유율(inverse fluxion)'이란 방법을 발명했는데, 라이프니츠는 이것을 '적분(integral calculus)'이라고 불렀다. 적분을 발명하기 위해 뉴턴은 또 어려운 계산을 엄청나게 많이 해야 했지만, 그렇게 해서 완성된 적분은 사실

미분보다 더 어려운 것은 아니다.

혹시라도 또 끔찍한 수식을 만나게 될까 봐 불안에 떠는 독자가 있다면, 안심해도 좋다. 그런 독자를 위해 이 쪽에 비밀 통로를 마련해 두었기 때문이다.

만약 이 비밀 통로로 들어간다면 어디가 나올까? 110쪽에서 생뚱맞게 등장한 넬 그윈을 만나게 될 것이다. 그러면 여기에 이어지는 어려운 수식을 보지 않아도 된다.

앞에서 보았듯이, 미분은 곡선의 기울기를 구하는 데 도움을 주었다. 그런데 새로 발명된 적분은 곡선 아래쪽 면적을 계산할 수 있게 해 주었고, 그것은 달과 행성의 움직임을 계산하는 데 큰 도움을 주었다.

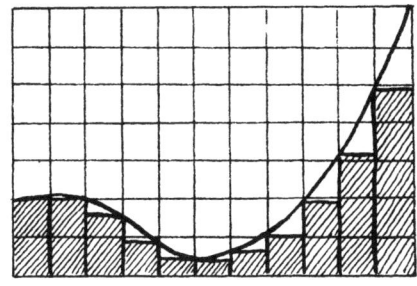

곡선 아래쪽 면적을 간단하게 구하는 한 가지 방법은 폭이 아주 작은 직사각형들로 분할한 다음, 곡선 아래쪽에 있는 사각형들을 일일이 세어 더하는 것이다. 직사각형의 폭이 좁을수록 그 결과는 정답에 가까운데, 적분의 기본 원리가 바로 이것이다.

$y = x^3$ 이라는 곡선을 가지고 생각해 보자. 미분을 하면 $\frac{dy}{dx}$ =$3x^2$ 이 된다. (미분 방법이 기억나지 않으면 61쪽으로 돌아가 다시 살펴보라.)

그런데 $y=x^3$ 을 적분하면 다음과 같이 된다.

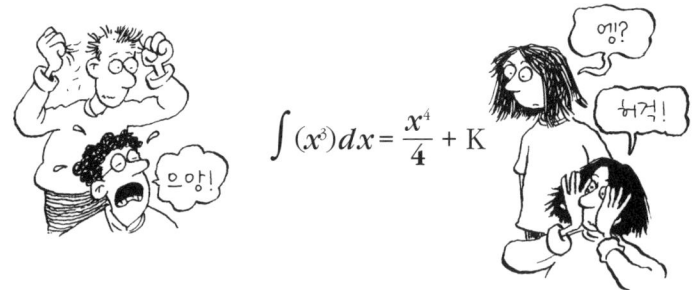

맨 앞에 있는 괴상한 기호를 보고 겁먹지지 말도록! 적분은 미분 과정을 거꾸로 하면 된다. 그러니까 먼저 x^3 의 3에다가 1을 더해 x^4 으로 만든다. 그런 다음, 이 4로 x^3 의 앞에 있는 계수인 1을 나누어 주면 된다. 그러면 $\frac{1}{4x^4}$, 즉 $\frac{x^4}{4}$ 이 된다. 한 가지 기묘한 점은 가끔 '적분 상수'를 첨가해야 한다는 것인데, 위의 식에서 K라고 표시된 것이 바로 그것이다. K는 무엇을 적분하느냐에 따라 다른데, 아주 흥미로운 것이다. 왜냐고?

음, 좋다. 솔직하게 말해서, 적분 상수는 아주 따분한 것이다. 여러분이 수학 천재가 아니라면 말이다.

적분은 편리한 점이 한 가지 있다. 적분을 제대로 했는지 알고 싶으면, 구한 답을 미분해 보아 원래의 식이 나오는지 비교해 보면 된다. $\frac{x^4}{4}$을 미분하면, x^3이 나오므로, 우리가 적분을 올바로 했다는 걸 알 수 있다. 미분을 할 때에는 x에 붙어 있지 않은 적분 상수 K는 그냥 없애 버리면 된다.

단지 계산 자체를 위해 미분이나 적분을 계산하는 것은 무의미한 짓이지만, 달과 행성의 움직임을 계산하던 뉴턴에게는 이 계산은 정말로 큰 도움이 되었다.

그렇지만 지금 여러분은 런던에서 일어났다는 아주 흥미진진한 사건이 무엇일까 궁금해서 좀이 쑤실 것이다. 그래서 어려운 적분 계산을 통과한 상으로 이제 여러분을 그 현장으로 데려가려고 한다.

← 생뚱맞게 등장한 넬 그윈

런던 대화재

사실, 넬 그윈은 이 장의 주인공이 아니다. 그렇게 유명한 사람은 아니었으니까. 뉴턴이 적분을 발명한 1666년 무렵에 열여섯 살이던 넬 그윈은 이제 막 배우의 길로 나선 참이었다. 3년 뒤에 넬 그윈은 영국 왕 찰스 2세의 애인이 되지만 그건 나중 일이고, 1666년 당시 런던의 신문들은 런던에서 발생한 큰 화재 소식으로 지면을 도배했다.

런던 타임스

1666년 9월

부주의한 제빵사가 온 도시를 불태우다!

런던 전체를 불태운 런던 대화재는 왕실 제빵사인 토머스 파리너가 운영하던 빵 가게에서 일어난 것으로 밝혀졌다.

9월 2일 밤, 파리너는 푸딩 거리에 있던 가게 문을 닫고 이층으로 올라갈 때 오븐의 불이 꺼졌는지 확인하는 걸 게을리했다. 그날 밤 자정 무렵, 오븐에서 튀어나온 불씨가 근처에 있던 장작에 옮겨 붙으면서 1시간도 못 돼 집 전체가 화염에 휩싸였다.

"온 사방이 연기투성이였어요. 물론 엄청 뜨거웠지요."

파리너의 아내는 이렇게 말했다.

파리너는 아내와 딸, 그리고 한 하인과 함께 이층 창문을 통해 무사히 탈출했지만, 안타깝게도 하녀는 화염 속에서 죽어 갔다.

화가 잔뜩 난 왕은 런던 재건 비용을 제빵사의 월급에서 공제하겠다고 위협했다.

런던은 왜 순식간에 잿더미가 되었을까? 그 당시 건물들은 대부분 기본 뼈대가 나무로 되어 있었고, 그 위에다 피치(석유나 콜타르 따위를 증류하고 난 뒤 남는 검은 찌꺼기)를 발랐기 때문에, 그날 밤에 강한 바람을 타고 날아온 불씨들에 쉽게 불이 붙었다. 얼마 뒤에는 큰 창고들에 불이 붙었는데, 그 안에는 기름이나 브랜디처럼 불에 잘 붙는 물질이 잔뜩 쌓여 있어 화재를 더 키웠다. 무심코 방치한 오븐에서 불씨가 튀어나온 지 몇 시간 뒤, 불길은 걷잡을 수 없이 런던 전체로 번져 갔다.

그 당시에 불을 끄는 방법은 물통으로 물을 날라 끼얹는 것뿐이었는데, 큰 화재 앞에서 그것은 아무 소용이 없었다. 불길이 번지는 것을 막으려면, 불길이 번져 가는 방향에 있는 집들을 파괴하는 방법밖에 없었다. 그러나 런던 시장은 재건 비용이 많이 들 것을 우려하여 그 명령을 내리길 거부했다. 그 이야기를 들은 왕이 직접 나서 명령을 내렸지만, 그 사이에 이미 불길은 통제 불능 상태로 치달았다. 납이 녹아 도로를 뒤덮었고, 도로에 포장된 돌들은 열을 받아 새빨갛게 달아올랐다.

일기 작가로 유명한 새뮤얼 피프스는 런던 대화재를 목격하고, 그 광경을 다음과 같이 묘사했다.

불쌍한 비둘기들은 차마 집을 떠나지 못하고 창가나 발코니 옆에서 맴돌았다. 그러다가 날개가 불타 추락하는 비둘기들도 있었다.

정말 끔찍하지 않은가? 런던 대화재는 다음과 같이 피해를 남겼다.

- 화재는 4일 동안 계속되었다.
- 전소된 집 1만 3200채.
- 파괴된 교회 89곳.
- 집을 잃은 사람들 수만 명이 밖에서 야영을 하며 겨울을 나야 했다.
- 재산 피해액은 1000만 파운드로 추정되었다. 오늘날의 가치로 따지면 약 10조 원쯤 된다.

그런데 더 놀라운 사실도 있다.

- 화재로 인해 직접 죽은 사람은 16명뿐이었다.

그리고 이상하게 들릴지 모르지만, 런던 대화재 때문에 목숨을 건진 사람도 있었다!

- 런던 대화재는 페스트를 옮기는 쥐를 없애 많은 사람의 목숨을 구했다.

화재로 파괴된 건물은 대부분 목조 건물이었으므로, 런던 대화재는 도시를 석조 건물로 재건할 수 있는 기회를 가져다 주었다. 위대한 건축가인 크리스토퍼 렌이 런던 재건 책임을 맡았는데, 그가 직접 설계하여 재건한 교회만 해도 49개나 된다. 그중에는 영국에서 웅장한 건축물 중 하나로 평가받는 세인트 폴 성당도 있다.

세인트폴 성당은 그 자리에 서 있던 목조 교회 건물을 대신해 들어섰다. 세인트폴 성당은 완공하기까지 35년밖에 걸리지 않았으며(근사한 성당 건물은 완공하는 데 100년 이상 걸리는 게 보통이었다), 건축 비용은 72만 2799파운드 3실링 3페니 1파딩이 들었다고 한다.

회계 장부를 마지막 1파딩까지 꼼꼼하게 기록했는데 그 당시 사용하던 화폐는 1파운드가 960파딩이었다. 오늘날의 가치로 따지면 총 비용이 3억 5000만 파운드(약 7000억 원)가 든 셈인데, 그러면서 단돈 500원까지 꼼꼼히 따진 셈이다!

이단자 뉴턴

뉴턴의 수학과 과학 업적을 더 알아보기 전에 그가 심혈을 기울여 연구한 또 다른 분야를 살펴보기로 하자.

뉴턴의 비밀 일기

나는 자연철학자로서 모든 것에 대해 진짜 답을 찾으려고 노력해야 한다. 수학과 과학 연구는 제대로 잘 진행되고 있지만, 성경은 도대체 진도가 나가지 않는다. 파고들수록 의문이 더 많아졌다. 그래서 고대 히브리 어로 쓴 초기의 성경 원본을 구해 직접 번역해 보았다. 그랬더니 과연 의심한 대로였다! 성부와 성자와 성령이 하나라는 삼위일체는 훗날의 학자들이 지어 낸 것이 분명하다. 기독교에서 가르치는 많은 교리와 마찬가지로 삼위일체도 틀렸다! 사람들은 오직 하나의 진정한 하느님에게 직접 기도를 드려야 한다. 그렇지만 누구에게도 이 이야기를 할 수 없다.

오늘날에는 이런 생각을 하더라도 아무 문제가 없지만, 그 당시에 이런 생각을 품는다는 것은 아주 위험한 짓이었다.

- 케임브리지 대학에서는 모두가 기독교를 믿어야 했기 때문에, 이런 생각을 떠들고 다녔다간 경력을 쌓는 데 큰 지장을 받았을 것이다. 특히 뉴턴이 다닌 대학 이름인 트리니티(Trinity)는 바로 '삼위일체'란 뜻이다.
- 당시는 신앙 때문에 많은 사람이 죽어 간 청교도 혁명이 지나간 지 얼마 안 된 시절이었다. 이단자를 불태워 죽이는 일은 그렇게 먼 옛날의 일이 아니었다.
- 뉴턴이 교수 자리를 잃거나 심지어 목숨을 잃는 것보다 더 두려워한 것은 참된 종교를 따르지 않을 경우에 자신의 영혼이 구원을 받지 못할 가능성이었다.

뉴턴은 자신이 알아낸 이 사실들을 다른 발견과 마찬가지로 다루었다. 즉, 비밀 공책에 적어 두고 아무에게도 말하지 않았다. 그렇지만 나중에 보게 되겠지만, 훗날에 가서 뉴턴은 서서히 본색을 드러낸다.

케임브리지로 돌아가다

1667년에 케임브리지 대학으로 돌아온 뉴턴은 자신이 발견한 것들을 비밀로 했지만, 프리즘과 스펙트럼만큼은 사람들에게 보여 주지 않을 수 없었다. 사람들에게 프리즘 실험을 보여 준 것은 참 잘 한 일이었다. 만약 대신에 사람들에게 꼬챙이로 자기 눈알을 찌르는 실험을 하라고 말했다면, 정신나간 사람 취급을 받았을 테니까. 이 연구 덕분에 뉴턴은 1667년 10월에 트리니티 칼리지의 '펠로(fellow, 연구원)'로 선출되었다. 케임브리지 대학의 펠로가 되는 것은 큰 명예였다. 이제 사람들에게 존경을 받을 뿐만 아니라, 급료도 받게 되었다. 급료는 많지는 않았지만 그래도 전혀 안 받는 것보다는 낫잖아?

색에 관한 추가 실험

뉴턴은 색에 관한 실험이 완벽한지 확인하려고 했다. 프리즘 유리 때문에 그런 이상한 효과가 나타난 게 아닌지 꼼꼼히 검

증해 보기로 했다. 그래서 스투어브리지 축제가 열릴 때 다시 그곳으로 가서 프리즘을 구해 와 실험을 더 해 보았다.

- 프리즘을 통과한 빛 중에서 단색광(단일한 색으로 된 빛)을 판자의 작은 구멍을 통과시키는 방법으로 분리한 뒤에 그 빛을 다시 프리즘을 지나가게 해 보았다. 단색광도 무지개 색의 빛으로 쪼개지는지 보려고 한 것이다. 그러나 단색광은 여전히 단색광으로 남아 있었다. 이것은 프리즘 유리 때문에 색이 바뀌거나 새로운 색이 만들어지는 게 아님을 확인시켜 주었다.

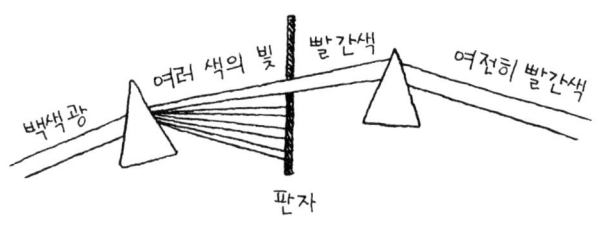

- 프리즘 2개와 렌즈 1개를 사용해 백색광을 무지개 색의 빛으로 쪼갠 뒤에 그 빛들을 모아 다시 백색광으로 만들 수 있었다!

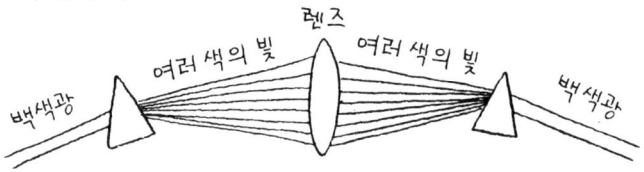

그리고 프리즘이 백색광을 어떻게 쪼개는지도 알아냈다. 모든 빛은 프리즘을 지나갈 때 구부러지지만, 색에 따라 구부러지는 정도가 다르다. 파란색 빛이 가장 많이 구부러지고, 빨간색 빛이 가장 적게 구부러진다. 그래서 우리가 보는 무지개 색의 스펙트럼이 나타나는 것이다.

여기서 뉴턴은 비누 방울에 나타나는 무지개 색에 대해 생각하면서 판유리 위에 렌즈를 대고 누르는 실험을 해보았다.

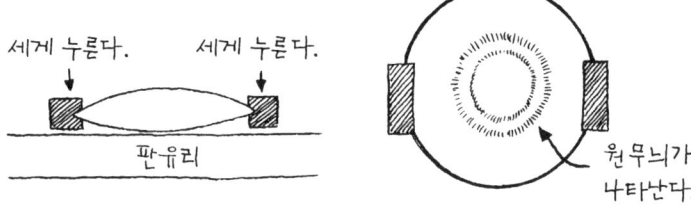

그러자 '뉴턴 원무늬(뉴턴 고리라고도 함)'라는 효과가 나타났는데, 이것은 자신의 눈 뒤쪽을 꼬챙이로 찌를 때 나타난 것과 비슷한 현상이었다. 뉴턴 원무늬는 평평한 판유리 위에 볼록 렌즈를 올려놓고 위쪽에서 빛을 비출 때, 접촉점을 중심으로 나타나는 동심원의 줄무늬를 말하는데, 이것은 빛의 간섭 때문에 발생하는 현상이다. 뉴턴은 그 색무늬들이 렌즈와 유리 사이의 아주 작은 틈에서 반사된 빛 때문에 생긴다는 사실을 알아냈다.(비눗방울의 경우, 그 색들은 아주 얇은 비누 방울의 벽 내부에서 반사된 빛 때문에 생긴다.) 그 틈을 좁게 할수록 그에 따라 빛의 색도 변했다.

오, 제발! 이제 그만 하세요! 게다가 이것은 터무니없는 소리가 아니에요. 나중에 따로 말할 기회를 드릴 테니 제발 좀 참으세요, 훅 씨!

뉴턴의 망원경

뉴턴은 프리즘으로 빛을 구부리는 실험을 하다가 실용적인 발명도 했다.

수십 년 전에 갈릴레이는 망원경을 발명하여(독자적으로 망원경을 만든 것은 맞지만, 갈릴레이가 망원경을 최초로 발명한 것은 아니다) 하늘을 관측했고, 케플러는 그것보다 성능이 더 나은 것을 만들었다. 1660년대에 사람들은 점점 더 큰 망원경을 만들어 하늘을 보기 시작했다. 어떤 것은 높이가 60m가 넘었고, 거대한 렌즈들을 사용했다.

문제는 멀리 있는 별들은 항상 가장자리가 흐릿해 보이고, 작은 천체들은 희미한 반점처럼 보인다는 점이었다. 이것은 렌즈의 굴절 작용 때문에 발생했는데, 즉 빛이 렌즈를 통과하면서 구부러지기 때문에 생겨나는 문제였다.

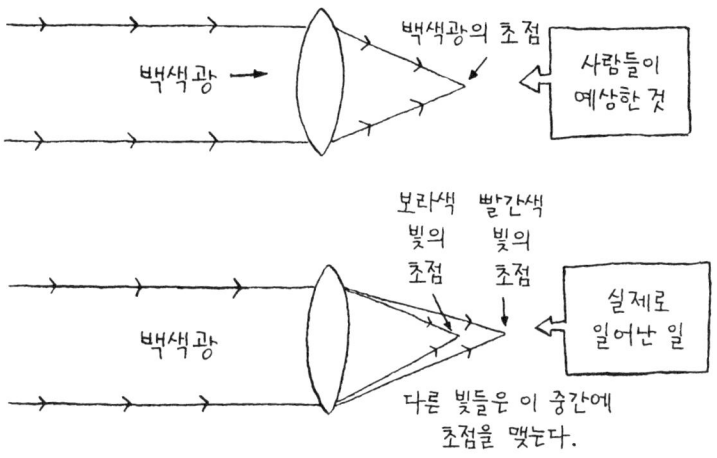

그렇지만 뉴턴의 프리즘 실험에서 보았듯이, 백색광이 렌즈를 통과할 때 빛은 색에 따라 구부러지는 정도가 각각 다르다. 빨간색 빛이 가장 적게 구부러지고, 보라색 빛이 가장 많이 구부러지면서 무지개 색의 빛들로 쪼개진다. 빛의 색에 따라 굴절률이 다르기 때문에 렌즈를 통과한 빛이 색에 따라 상이 생기는 위치가 달라져 상이 흐릿해지는데, 이 문제를 색수차라고 한다.

뉴턴은 성능이 더 좋은 망원경을 만들기로 결심했다. 거기에 필요한 작업은 전부 다 직접 했다. 어린 시절에 모형과 기계 장치를 많이 만들어 본 경험 때문에 훌륭한 기술자 못지않게 일을 할 수 있었다. 그리고 사실 뉴턴만큼 그 일을 잘 할 수 있는 사람은 구하기 힘들었을 것이다. 그렇게 직접 도구를 만들고 렌즈를 가는 등 온갖 허드렛일을 다 해 가면서 결국 망원경을 만들었다.

처음에 뉴턴은 렌즈 때문에 나타나는 색수차를 상쇄하도록 다른 렌즈를 추가하는 방법을 생각했지만, 그렇게 정밀한 렌즈를 만드는 것은 쉽지 않았다. 그래서 밤낮으로 매달려 생각하다가 마침내 묘안을 찾아냈다. 그것은 정말로 획기적인 발상이었고, 그 후 망원경 제작에 혁명을 가져왔다.

근본적인 문제는 빛이 렌즈를 '통과'하는 데 있기 때문에, 빛이 렌즈를 통과하지 못하게 하면 문제를 해결할 수 있지 않을까? 즉, 빛을 통과시키는 대신에 반사시키는 것이다. 다시 말해서, 렌즈 대신에 곡면 거울을 쓰면 되지 않겠는가? 이런 원리로 만든 망원경을 뉴턴식 반사 망원경 또는 그냥 반사 망원경이라 부른다.

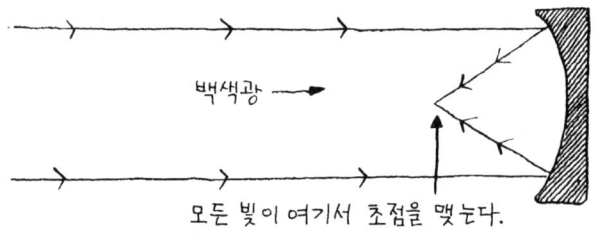

이렇게 하면 모든 빛이 거울에 반사되어 초점을 맺으며, 각 색깔 성분의 빛으로 쪼개지지 않는다. 거울에 반사된 상을 보려면 빛이 모인 초점을 보아야 한다. 그런데 그것을 보려면 여러분의 머리가 망원경으로 들어오는 빛을 막는 문제가 생긴다.

그래서 뉴턴의 망원경은 추가로 작은 거울을 집어넣어 경통 옆에서 그것을 들여다보게 했다.

그런데 이렇게 하면 작은 거울이 상 한가운데를 가리며 나타나지 않을까 생각하기 쉽지만 그렇지 않다. 그 비밀은 큰 거울이 빛을 모으고 초점을 맺는 방법에 있다. 아, 물론 이걸로는 만족스러운 설명이 못 될 것이다. 반사 망원경의 작동 원리를 자세히 이해하는 것은 케플러의 법칙을 이해하는 것보다 훨씬 복잡하고 어렵다. 그러니 비겁하지만, 우리는 이 정도만 이해하고 넘어가기로 하자.

뉴턴의 시대 이후 거울에 큰 문제가 한 가지 있다는 사실이 밝혀졌다. 빛이 유리를 지나갈 때에는 항상 약간의 빛이 유리에 흡수되기 때문에, 상이 조금 어두워진다. 낮에 망원경을 볼 때에는 별 차이가 없지만, 캄캄한 밤중에 아주 희미한 천체를 망원경으로 볼 때에는 이것은 큰 문제가 된다. 또 뉴턴의 은 거울은 금방 검게 변색되는 단점이 있었지만, 오늘날의 거울은 빛을 거의 흡수하지 않으므로, 천체를 관측하기가 훨씬 쉽다.

뉴턴은 1668년에 첫 번째 망원경을 완성했다. 그것은 길이가 겨우 15cm에 폭도 3cm에 불과했지만, 배율은 30배나 되었다. 그것은 길이가 10배나 긴 굴절 망원경보다도 성능이 더 좋았다.

알았어요, 알았어. 분명히 그랬겠지요.

네, 그러지 않을 테니, 이제 그만 사라져 주세요.

반사 망원경은 뉴턴의 인생에 큰 변화를 가져왔다. 설사 다른 연구를 사람들에게 보여 주었다 하더라도, 그것은 종이 위에 적힌 숫자인 데다가 아주 똑똑한 사람만 이해할 수 있었다. 게다가 사람들은 남이 애써 한 연구에서 흠을 잡고 비판을 하려는 경향이 있는데, 뉴턴은 그것을 참지 못했을 것이다. 반면에, 이 작은 망원경은 누구나 큰 흥미를 느끼고 들여다보고 싶어 했고, 들여다본 사람은 누구나 그것이 대단한 발명품이라는 것을 인정하지 않을 수 없었다. 그러니 뉴턴이 그것을 사람들에게 뽐내면서 보여 준 것도 충분히 이해가 간다. 모든 사람이 그것을 보고 감탄했다.

뉴턴이 엄청나게 유명해지다

 1668년, 뉴턴은 대학에서 '선임 연구원'으로 승진했다. 그만큼 급료도 높아졌다. 뉴턴은 친구 위킨스와 함께 그 일을 축하했는데, 뉴턴이 평생 동안 그런 일을 한 것은 아마 그때가 처음이자 마지막이 아니었나 싶다. 두 사람은 술집에 여러 차례 들렀고, 카드 도박도 했으며, 심지어 뉴턴은 근사한 새 옷을 사 입고 이미지 변신도 시도했다. 그렇지만 그것도 잠깐, 뉴턴은 다시 이전보다 더 열심히 연구에 몰두했다.

1669년에 이르자, 사람들은 뉴턴이 특별한 사람이라는 걸 눈치채기 시작했다. 그렇게 되기까지는 스승이던 배로의 공이 컸다. 그는 뉴턴을 격려했을 뿐만 아니라 승진시키려고 온갖 노력을 기울였다. 심지어 자신이 차지하고 있던 자리까지 뉴턴에게 물려주었다.

알다시피 배로는 '루카스 수학 석좌 교수'였는데, 1669년 가을에 종교 연구에 몰두하려고 그 자리에서 물러나기로 결정했다. 그러면서 뉴턴을 그 자리에 적극 추천했다. 그것은 보통 사람으로서는 정말로 하기 힘든 행동이었다.

이렇게 말하는 데에는 그럴 만한 이유가 있었다. 뉴턴은 학생 시절에는 비밀리에 이단적인 생각을 해 상관이 없었지만, 루카스 석좌 교수처럼 높은 자리에 오르려면 영국 국교회의 정식 성직자로 서품을 받아야 했다. 배로는 신앙심이 아주 강했지만, 뉴턴을 잘 알고 있던 그는 뉴턴이 기독교에 의심을 품고 있다는 사실을 알고 있었을 것이다. 다른 사람이라면 뉴턴을 당장 대학에서 쫓아냈을 테지만, 배로는 반대로 뉴턴이 성직자가 아니어도 루카스 석좌 교수로 임명해야 한다고 대학 당국을 설득했다.

물론 뉴턴이 신앙심이 독실했더라면 배로는 더 이상 바랄 것이 없었을 것이다. 그렇지만 그는 그런 것을 무시하고 규정까지 바꾸어 가면서 장래가 촉망되는 젊은이에게 학계에서 최고의 지위를 주려고 애썼다. 정말로 너그럽고 인품이 훌륭한 사람이 아닌가?

뉴턴의 비밀 일기

배로 교수를 따르면 언젠가 좋은 일이 있을 줄 알았다. 루카스 석좌 교수가 되는 건 더할 나위 없이 좋은 일이다! 봉급도 두둑하고 시간 여유도 많아서 내 연구에 몰두할 수 있다. 일 년에 열 차례 정도 강의를 해야 하는 고통쯤이야 얼마든지 참고 견딜 수 있다. 나는 사람들의 시선이 싫고, 청중도 싫다. 내가 힘들여 한 천재적인 연구를 왜 돈 많은 멍청이들한테 가르쳐 주어야 하는가? 단지 부모들을 기쁘게 하기 위해 케임브리지에 와서 흥청망청 놀면서 세월을 보내는 애들에게 말이다.

뉴턴의 강의는 인기가 없었다. 뭔가를 배우려고 하는 학생도 거의 없었다. 학생들은 처음에는 뉴턴의 프리즘 실험을 재미있게 보았다. 하지만 뉴턴이 그 모든 것이 어떻게 일어나는지 지루하고도 긴 설명을 시작하자 강의를 듣기 싫어했다. 학생들은 슬그머니 강의실을 빠져 나갔고 뉴턴은 혼자서 떠들어야 했다. 얼마 지나지 않아 강의실에 아무도 오지 않자, 뉴턴은 혼자서 벽을 보고 강의를 했다. 강의는 갈수록 점점 짧아지고, 횟수도 줄어들었지만 강의는 의무적으로 해야 하는 일이었다. 그래서 뉴턴은 거의 20년 동안 텅 빈 강의실에서 강의를 계속했다.

비록 강의는 따분했지만, 뉴턴은 케임브리지에서 유명 인사가 되었다. 자신이 한 연구는 대부분 꼭꼭 숨겨 두고 있었는데도 불구하고 그랬다. 망원경에 관한 소문이 퍼져 나간 게 큰 이유였는데, 이 '놀라운 관측 도구'에 대한 소문은 얼마 후 런던에까지 퍼졌다.

왕립 학회

왕립 학회는 1660년에 런던에서 설립되었는데 지금까지도 큰 명성을 떨치며 왕성하게 활동하고 있다. 정식 명칭은 '자연 지식의 향상을 위한 런던 왕립 학회'이다.

왕립 학회가 뉴턴이 만든 망원경에 큰 관심을 보이자, 1671년 12월에 뉴턴은 처음 것을 더 개량한 망원경을 왕립 학회 회원들에게 보여 주었다. 이 망원경은 길이가 20cm, 폭이 5cm였으며, 처음에 만든 것보다 배율이 5배나 높았다. 모두 이 망원경을 보고 감탄을 금치 못했다. 심지어 국왕인 찰스 2세도 망원경을 한번 볼 수 없겠느냐고 요청했을 정도였다.

그 덕분에 뉴턴은 한 달도 못 돼 왕립 학회 회원으로 선출되었다. 회원이 되려면 1주일에 1실링(오늘날의 가치로는 약 4만 원)의 회비를 내야 했지만, 뉴턴은 무척 기뻐했다.

얼마 뒤, 왕립 학회 서기이던 헨리 올덴버그는 뉴턴에게 빛과 색에 관한 이론을 논문으로 써서 제출하라고 요청했다. 뉴턴은 그 논문을 매주 모이는 회의에서 회원들 앞에서 낭독했다. 모든 사람이 큰 감명을 받았다.

오, 로버트 훅을 깜빡 잊고 있었군! 훅은 왕립 학회의 '실험 간사'였는데, 솔즈베리 주교와 로버트 보일과 함께 뉴턴의 연구를 자세히 검토하는 임무를 맡았다. 보일은 나중에 뉴턴과 친구가 되었으며, 뉴턴이 과학 연구 기술과 심지어 연금술 기

술을 발전시키는 데 큰 도움을 주었다. 보일과 주교는 뉴턴의 연구에서 아무 흠도 찾아내지 못했지만, 다음 번 회의 때 훅은 이렇게 주장했다.

물론 그랬겠지요, 훅 씨. 그런데 당신의 실험은 아주 훌륭한 것이었지만, 그 결과를 제대로 이해하지 못했다는 게 문제였지요.

훅의 비판을 들은 뉴턴은 기분이 몹시 상했다. 6월까지 아무 반응도 보이지 않다가 마침내 왕립 학회에 편지를 보냈다. 뉴턴이 쓴 편지의 요점은 이랬다.

훅은 왕립 학회에서 야단을 맞고 한동안 입을 다물었지만, 빛에 관한 뉴턴의 이론은 해외 과학자들 사이에서 큰 논란이 되었다. 그중 한 무리는 벨기에 리에주에 살고 있던 영국인 예수회(강경파 가톨릭 교도의 일파라고 보면 됨) 수도사들이었다. 그들은 뉴턴의 실험을 다시 해 보려고 했지만 같은 결과를 얻는 데 실패했다. 그것은 실험 장비가 뉴턴의 것과 달라서 발생한 문제였지만, 그들은 뉴턴의 이론이 틀렸다고 주장했다. 뉴턴은 그런 비판을 참을 수 없었다.

1674년 12월, 뉴턴은 올던버그에게 편지를 썼다. "나는 앞으로 철학의 발전에 대해 더 이상 신경 쓰지 않기로 했습니다." 편지를 받은 올던버그는 화들짝 놀랐다. 뉴턴이 왕립 학회의 스타 중 하나라는 걸 알고 있던 그는 뉴턴이 떠나는 걸 막으려고 할 수 있는 짓은 다했다.

뉴턴이 금전적으로 압박을 받은 것은 사실이다. 자신의 종교적 믿음 때문에 보수가 꽤 두둑한 루카스 석좌 교수 자리를 잃을지도 모른다고 생각했기 때문이다. 케임브리지 대학은 성직자 서품을 받지 않은 사람은 펠로가 될 수 없다는 관례가 있었다. 뉴턴에게만 예외를 인정하는 것은 누가 보더라도 불공평해 보였다. 다행히도 그 당시에 스승이던 배로가 왕실 교회의 사제가 되었는데, 그는 왕에게 도움을 요청했다. 뉴턴은 정말 운이 아주 좋았다.

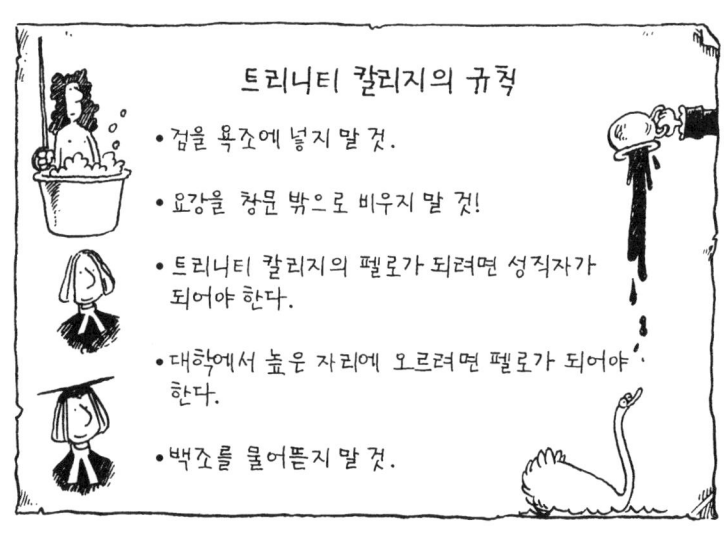

배로는 찰스 2세와 대화를 나눌 수 있었을 뿐만 아니라…….

뉴턴에게는 든든한 연줄이 또 하나 있었다. 험프리 배빙턴이라는 사람을 기억하는가? 그는 클라크 씨 부인의 남동생으로, 뉴턴이 케임브리지에 들어와서 근로 장학생으로 일할 때 시중

을 들었던 사람이다. 험프리는 대학에서 상당히 중요한 위치에 있는 사람이어서 이렇게 말할 수 있었다.

착해진 뉴턴?

뉴턴은 이러한 도움에 기분이 좋아져 '뉴턴 원무늬'를 포함해 빛에 관한 실험을 좀 더 자세한 논문으로 썼다. 한동안은 로버트 훅하고도 사이가 좋아진 것처럼 보였으며, 헨리 올덴버그에게 전에 자신의 논문에서 훅을 광대에 비유한 구절을 삭제해 달라고 요청했다. 심지어 훅에게 편지까지 보냈다.

이런 겸손한 편지를 보내다니, 우리가 생각한 것과는 달리 뉴턴은 마음이 아주 넓은 사람이 아닌가! 그렇지만 그렇게 성질이 고약하던 뉴턴이 갑자기 이렇게 변할 수 있을까? 좀 이상하지 않는가?

사실 '거인들의 어깨 위에 서 있었기 때문'이라는 구절은 그 당시 흔히 쓰이던 표현이었다. 당시 이 구절은 고대 그리스 인이 이룬 지식에 경의를 표할 때 쓰던 상투적 표현이었다. 게다가 훅은 등이 굽었고 키가 작았다는 사실을 기억할 필요가 있다. 그러니까 뉴턴은 옛 사람들에게는 경의를 표할지언정 거인하고는 거리가 먼 훅에게는 경의를 표하지 않겠다는 조롱의 뜻으로 이런 표현을 쓴 게 아닐까? 여러분 생각은 어떤가?

훅이 이 편지를 받고 기분이 상했는지는 알 수 없지만 그는 아무 대꾸도 하지 않았다. 어쨌거나 얼마 가지 않아 두 사람은 또 사이가 틀어지게 되니 앞으로 또 재미있는 이야기를 기대해도 좋다.

한편, 해외에서는 뉴턴에 대한 비판이 점점 커지고 있었다. 분노가 섞인 편지들이 오가는 가운데 뉴턴은 특히 리에주의 예수회 수도사들이 다른 사람들과 함께 일부러 자신을 헐뜯는다고 의심하게 되었다. 기분이 상한 뉴턴은 마침내 폭발하고 말았다.

그것은 광학 연구도 더 이상 하지 않겠다는 뜻이었다!

연금술에 빠지다

　뉴턴은 광학 연구 외에 연금술도 깊이 연구했다. 1673년, 뉴턴은 친구 위킨스와 함께 집을 옮겼는데, 새로 이사한 집에는 헛간이 딸려 있었다. 뉴턴은 거기에 신비한 기구와 장비를 들여 놓고 온갖 괴상한 물질을 가지고 실험을 했다. 과학을 그만두기로 결심한 뒤에는 이 기묘한 연구에 더욱 몰두했다.
　뉴턴이 연금술 연구에 푹 빠진 것을 나무랄 수만은 없다. 연금술은 종이 위에 엄청나게 복잡한 수식을 적어 나가며 따분한 계산을 하는 것에서 잠깐 벗어나 기분 전환을 하기에 아주 좋은 활동이었을 것이다. 그래서 연금술에 관한 책을 100권 이상 모았고, 자신이 쓴 글만 해도 이 책 40권은 가득 채울 만한 분량이었다.
　연금술 연구는 긍정적인 면도 있었다. 실험을 함으로써 실용적인 사고를 할 수 있었고, 또 문제를 다른 각도에서 바라보는 시각을 키우는 데 도움이 되었다.

온갖 기묘한 플라스크와 용기가 보글거리면서 새로운 결정이나 액체가 나타나고, 괴상한 냄새가 나는 것을 경험하면서 뉴턴이 무슨 생각을 했는지는 알 수 없다. 사실은 중력 이론도 이 괴상한 실험을 하던 도중에 생각한 것이며, 사과 이야기는 그저 재미로 지어 낸 것이라는 주장도 있다.

암, 그렇고말고요, 뉴턴 씨! 그곳에 있었던 사람은 당신 혼자뿐이었으니, 그렇다고 말하면 그렇다고 믿을 수밖에 없지요.

그렇지만 연금술에는 나쁜 점이 더 많았다. 무엇보다도 온갖 종류의 괴상한 물질을 다루다 보니 그 위험에 고스란히 노출되었다. 연금술은 납이나 수은 같은 독성 중금속 물질을 많이 쓰기 때문에 특히 위험했다. 뉴턴은 그런 물질을 가열할 때 나오는 증기를 아무렇지 않게 들이마셨고, 심지어 그렇게 해서 만든 액체를 맛보기까지 했다. 그러면서 위킨스에게 자기가 수은 증기를 많이 마셔서 머리카락이 은빛으로 변했다고 농담했다.(뉴턴이 과학자가 된 것이 천만다행이다. 코미디언이 되었더라면 아마 오래 가지 못했을 것이다.)

더 심각한 문제는 연금술이 합법적인 연구가 아니었다는 사실이다. 그냥 화학 실험만 한다면야 아무도 신경 쓰지 않겠지만, 금이나 불로장생의 비법을 찾으려던 연금술사들은 마술에 의존하려고 했다. 신앙심마저 의심받던 뉴턴이었으니 자신이 연금술 연구를 한다는 사실이 새어 나가지 않도록 극도로 조심해야 했다.

연금술 연구가 가져온 최악의 결과는 아마도 1668년 3월에 일어난 사건일 것이다.

으슬으슬 추웠던 그날 아침, 뉴턴은 평소의 그답지 않게 이상한 행동을 했다. 실험실에서 새로운 물질이 부글부글 끓고

있는 걸 내버려둔 채 예배당으로 간 것이다. 정확하게 어떻게 그런 일이 일어났는지는 모른다. 어쨌든 실험실 여기저기에 널려 있던 종이와 화학 약품에 불길이 옮겨 붙으면서 실험실 전체가 화염에 휩싸이고 말았다. 그곳에 가득 쌓여 있던 소중한 연구 자료가 잿더미로 변하고 말았는데, 20여 년에 걸친 연금술 실험 내용은 말할 것도 없고, 두꺼운 책으로 출판하려고 써 놓았던 빛에 관한 연구마저 사라지고 말았다. 그 책은 뉴턴을 그렇게 괴롭히던 비판자들의 입을 다물게 하려고 비밀리에 준비해 오던 대작이었다. 그런데 하루 아침에 물거품이 되고 만 것이다. 뉴턴은 그 충격에서 오랫동안 벗어나지 못했다.

엎친 데 덮친 격으로 좋지 않은 일이 연달아 일어났다. 그 전해에는 든든한 후원자이던 배로와 올덴버그가 죽었다. 그리고 그해 1679년에는 어머니가 심한 열병에 걸려 뉴턴은 링컨셔 주로 달려가 어머니를 돌보아야 했다. 뉴턴의 극진한 간호와 치료에도 불구하고 어머니는 6월에 세상을 떠났고, 뉴턴은 좌절과 혼란에 빠졌다. 게다가 집안 사업을 정리하고 다른 사람들에게 받아야 할 돈을 받느라 그해 말까지 고향에 머물러야 했다. 힘든 현실에서 마음을 돌리려고 뉴턴은 다시 사과를 떨어지게 만든 그 보이지 않는 힘에 대해 생각하기 시작했다. 그런데 흥미롭게도 오랜 숙적이 뉴턴에게 획기적인 돌파구를 발견하는 계기를 제공했다.

돌파구를 찾다

1679년 12월에 케임브리지로 돌아오니 로버트 훅이 보낸 편지가 기다리고 있었다.

훅은 행성의 운동에 관해 생각하고 있었는데, 왕립 학회의 다른 회원들은 뉴턴이 혹시 그 수학적 답을 내놓을 수 있는지 물어 보라고 요구했다. 훅은 뉴턴을 설득하기 위해 뉴턴이 보내 준 의견은 절대로 공개하지 않겠다고 약속했다.

뉴턴은 훅과 엮이기 싫었지만, 왕립 학회를 무시할 수만도 없어 아주 작은 연구 결과 하나를 보내 주었다. 그것은 아주 높은 건물에서 물체가 떨어질 때 어떻게 떨어지느냐 하는 것이었다. 지구가 자전하기 때문에 물체는 똑바로 떨어지지 않는다. 뉴턴은 물체가 원에 가까운 나선을 그리며 떨어진다고 말했다. 결과적으로 본다면 뉴턴은 조금 더 신중하게 생각했어야 했다.

실제로 훅은 운 좋게도 뉴턴의 주장에서 작은 오류를 찾아냈고, 물체는 타원형 나선을 그리며 떨어진다는 것을 증명했다. 훅은 우쭐한 나머지 약속을 어기고, 그 사실을 모두에게 이야기했다.

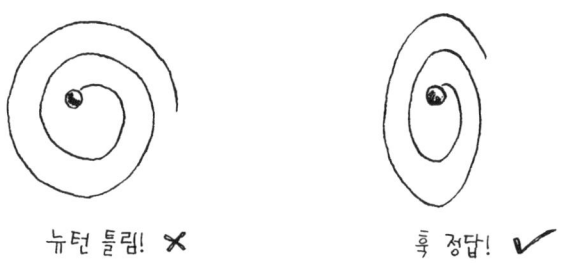

뉴턴은 처음에는 그냥 무시하려고 했지만, 훅은 런던에서 모든 동료들에게 그 이야기를 자랑스레 계속 떠들고 다녔다.

뉴턴은 그 뒤 1년 동안 아무하고도 연락을 하지 않았다. 뉴턴은 혹시……

- 삐친 것일까?
- 속으로 복수의 칼을 갈고 있었을까?
- 갑자기 뭔가 굉장한 것을 깨달은 것일까?

그 답은 세 가지 다였다! 중력과 지구의 자전 운동이 결합되어 훅의 말대로 물체는 타원을 그리며 떨어지는 것이 옳아 보였다.

타원이라고? 전에 어디서 나왔더라?

똑똑한 뉴턴의 도움을 아쉬워하던 왕립 학회의 다른 사람들은 훅에게 과학적 내용이 담긴 편지를 보내 뉴턴의 마음을 누그러뜨리도록 노력하라고 했다. 혹시 뉴턴이 그것을 보고 무슨 반응을 보이지 않을까 기대한 것이다. 1680년 1월에 보낸 한 편지는 행성들을 타원 궤도로 돌게 하는 중심의 힘이 있으며, 그 힘은 역제곱 법칙과 관련이 있다는 내용을 담고 있었다.

그때까지만 해도 뉴턴은 중력을 지구가 물체를 끌어당기는 경우에 대해서만 생각했다. 그런데 태양 역시 다른 천체들을 중력으로 끌어당긴다면? 중력이 우주 공간을 지나 아주 먼 거리까지 작용해 행성들을 타원 궤도로 돌게 하는 것이 아닐까?

그렇다! 훅도 중력에 대해 나름의 결론을 얻었지만, 그것은 증명을 바탕으로 한 것이 아니라 순전히 추측에 지나지 않았다. 또, 이 모든 것을 합쳐 전체적으로 바라보는 시각이 없었다. 설사 훅이 큰 그림을 보았다 해도 그 모든 것을 수학적으로 명쾌하게 증명할 수 없었다. 그렇지만 뉴턴은 할 수 있었다.

세 남자가 커피를 마시면서 한 내기

　오늘날 런던에서 사업 이야기를 하거나 개인적인 대화를 나누거나 심지어는 은밀한 거래를 하기 위해 누굴 만나려면 와인 바나 레스토랑을 선택하는 편이 낫다. 사무실이나 회의실에서 만나는 것보다 그 편이 훨씬 즐겁고 친밀한 분위기에서 이야기를 나눌 수 있고, 거래를 성사시키기에도 유리하다.

　1680년대의 런던 사람들은 그런 일이 있을 때 커피 전문점을 애용했다. 담배 연기와 은은한 커피 냄새가 풍기는 분위기 속에서 예술 이야기에서부터 암살 모의에 이르기까지 온갖 이야기가 오갔다.

　1684년 새해 첫날을 맞이해 세 남자가 그런 커피 전문점에 모였다. 한 사람은 세인트 폴 성당을 설계한 건축가로 유명하면서 모든 방면에 뛰어난 크리스토퍼 렌이었다.

또 한 사람은 로버트 훅이었는데, 이 사람은 따로 설명이 필요 없겠지?

나머지 한 사람은 '핼리 혜성'이 76년마다 돌아올 것이라고 처음 예측한 천문학자 에드먼드 핼리였다. 핼리는 그 혜성이 밤하늘에 나타난 것을 단 한 번밖에 보지 않았지만, 과거의 천문 관측 기록을 뒤져 76년마다 주기적으로 나타난다는 사실을 알아냈다.

세 사람의 대화 주제는 중력이었다.

　핼리는 훅이 만족할 만한 증명을 내놓지 않자 연락도 없이 뉴턴을 찾아가 정중하게 도움을 요청했다. 뉴턴은 자신이 이미 과거에 역제곱 법칙을 계산했다고 말했다. 그러면서 행성이 타원 궤도를 도는 이유도 그것으로 설명이 가능하다고 말했다. 핼리는 그 말을 듣고 뛸 듯이 기뻤다. 게다가 뉴턴이 계산해 놓은 공책을 찾아서 보여 주겠다고 하는 게 아닌가!

　그런데 그 공책을 찾을 수 없으니 대신에 처음부터 새로 계산해서 보여 주겠다고 했다. 핼리는 뉴턴이 또 모든 것을 비밀로 감춰 두지 않을까 하는 의심이 들었으나, 조용히 기다리는 수밖에 달리 방법이 없었다. 몇 달 뒤에 아홉 장짜리 논문이 핼리의 집에 도착했다. 거기에는 라틴 어로 '데 모투 코르포룸 인 기룸(De Motu Corporum In Gyrum)'이란 제목이 붙어 있었는데, '궤도를 도는 물체의 운동에 관해'라는 뜻이었다.

　핼리의 예의바른 태도와 인내심이 놀라운 과학 논문이란 보답을 얻어 낸 것이다.

에테르의 최후

과학계에서 진리처럼 전해져 오던 또 하나의 가설을
뉴턴이 완전히 박살낸 이야기

핼리에게 준 논문을 준비할 때 뉴턴은 풀어야 할 다른 문제가 몇 가지 있었다. 그중 하나는 모든 과학자가 존재한다고 믿었던 '에테르'에 관한 것이었는데, 에테르의 존재는 뉴턴의 계산하고 잘 들어맞지 않았다. 그런데 에테르란 무엇일까? 그것은 다음과 같은 상황에서 탄생했다.

이전의 과학자들은 빛이나 자기 같은 현상을 설명하려고 시도하면서 어떤 것이 텅 빈 공간을 이동할 수 있다는 개념이 마음에 들지 않았다.

소리가 전달되려면 공기라는 매질이 필요하듯이, 그들은 빛이나 자기가 전달되려면 어떤 매질이 있어야 할 거라고 생각하고, 그 가상의 매질을 '에테르'라고 불렀다.

그들은 에테르를 아주 가벼운 기체로, 모든 것을 통과할 수 있는 물질이라고 생각했다. 그리고 에테르의 존재를 증명할 수 있는 실험을 해 보았다.

진자를 흔들리게 하면 몇 분 지나지 않아 멈춰 선다. 그들은 흔들리는 진자는 공기와 '에테르' 속에서 움직이기 때문에 그

저항을 받아 속도가 점점 느려지다가 멈춰 선다고 생각했다. 이번에는 유리 상자 속의 공기를 다 뽑아 내고, 그 속에서 진자를 움직이게 해 보았다. 그랬더니 몇 시간이 걸리긴 했지만 결국 진자는 멈춰 섰다. 그러자 그들은 텅 빈 유리 상자 속을 포함해 모든 곳에 존재하는 에테르의 저항 때문에 진자가 멈춰 섰다는 결론을 내렸다.

이 실험은 에테르의 존재를 증명한 것처럼 보였다. 그렇지만 행성의 운동을 계산하던 뉴턴은 행성의 속도를 늦추는 요소가 아무것도 없다고 보았을 때 계산이 완벽하게 맞아 떨어진다는 사실을 발견했다. 이것은 에테르가 존재하지 않음을 뒷받침하는 단서였다.

그리고 나서 뉴턴은 직접 진자 실험을 해 보았다. 다만 조건을 조금 다르게 했다. 속이 텅 빈 진자를 유리 상자 속에 넣고, 유리 상자 속의 공기를 다 빼낸 다음 진자를 움직이게 하면서 멈춰 서기까지 걸리는 시간을 쟀다.

이번에는 진자 속을 모래로 가득 채웠다.

뉴턴은 그 밖에도 수은이나 기름을 비롯해 온갖 물질을 진자에 채우고 같은 실험을 해 보았다. 그래도 결과는 늘 똑같았다. 진자를 멈춰 서게 하는 원인이 무엇이건 간에, 뉴턴은 한 가지만큼은 확신할 수 있었다.

전통적인 과학자들에게 이것은 말도 안 되는 소리처럼 들렸는데, 그들은 힘이 텅 빈 공간을 통해 전달될 수 없다고 믿었기 때문이다. 그렇지만 뉴턴은 새로운 것을 받아들이길 주저하지 않았다. 그래서 아무리 마술처럼 보인다 하더라도 에테르가 없다는 결론만이 유일한 답이라고 생각했다.

새로운 지원팀

　뉴턴은 친구가 많았던 적이 한 번도 없었지만, 1683년에는 오랜 친구인 존 위킨스하고도 헤어지게 되었다. 두 사람은 20년 동안 같이 살았지만, 그 뒤로는 다시는 만나지 않았다. 신앙심이 깊은 위킨스가 마침내 뉴턴의 이단적인 종교관을 더 이상 참을 수 없게 되었거나, 아니면 뉴턴이 잘못된 종교를 맹신하는 위킨스에게 싫증이 났을 수도 있다. 혹은 위킨스는 뉴턴의 괴상한 실험과 반사회적 행동에 넌더리가 났을지도 모른다. 정확한 이유야 무엇이건, 어쨌든 위킨스는 떠났다.

그래서 뉴턴은 오랫동안 위킨스가 맡았던 온갖 궂은일을 대신 해 줄 사람이 필요했다.

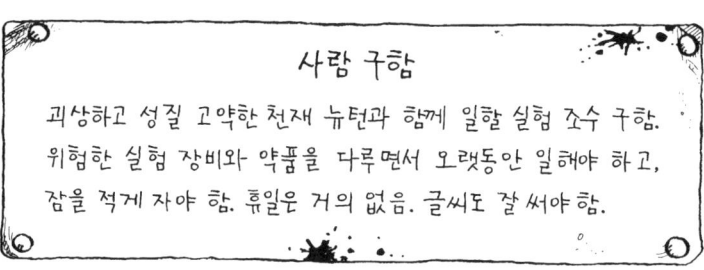

결국 뉴턴은 험프리 뉴턴이라는 사람을 조수로 구했는데, 그는 마침 같은 링컨셔 주 출신이었다.

한편, 핼리는 뉴턴이 보낸 '궤도를 도는 물체의 운동에 관해'라는 논문을 받고서 크게 흥분했다. 그리고 혹시 뉴턴이 아직 다른 사람에게 보여 주지 않고 숨겨 둔 연구 논문이 또 없는지 알아보기 위해 케임브리지로 달려갔다. 핼리의 예상대로 과연 그런 논문이 잔뜩 쌓여 있었다. 핼리는 자기가 모든 비용을 댈 테니 그것을 출판하자고 제의했다.

그것은 아주 관대한 제의였지만, 뉴턴은 아직은 때가 아니라고 생각했다. '궤도를 도는 물체의 운동에 관해'라는 논문을 준비할 때 퍼뜩 떠오른 굉장한 생각이 있었다.

만약 태양과 지구 둘 다 중력이 있다면, 나머지 모든 물체도 중력이 있지 않을까? 나중에 '만유인력의 법칙'을 낳게 되는 이 생각은 중력의 진짜 의미를 이해하는 계기가 되었다.

그런데 뉴턴이 중력을 다른 각도에서 바라보았을 가능성도 있다. 우주에 존재하는 모든 것을 통해 작용하는 이 보이지 않는 힘은 혹시 자신이 찾고 있던 신의 증거가 아닐까? 신 또한 중력처럼 눈에 보이지 않고 그 힘을 미치면서 '모든 곳에 존재'하지 않는가? 무엇보다도 주변의 모든 것에 중력이 미치는 효과를 볼 수 있었지만, 중력이 왜 존재하며 어떻게 작용하는지 설명하는 것은 불가능했다! 중력은 신처럼 장엄하고 거대하면서 신비했다!

뉴턴은 이 생각에 크게 흥분했지만, 당장은 자신이 알아낸 사실들을 종합하여 확실한 결론을 이끌어 내기로 했다. 만약 그것을 발표하기로 결정한다면 그 결과는 세상을 뒤흔들 만한 것이 되어야 한다고 생각했다. 그리고 실제로 그렇게 되었다.

위대한 과학책

뉴턴은 위대한 과학책을 쓰느라 일 년 반 동안 온힘을 쏟아 부었다. 거의 하루 종일 방 안에 틀어박혀 그 일에 몰두했으며, 조수인 험프리는 뉴턴이 불러 주는 단어 하나하나를 베껴 적으며 책을 써 나갔다.

처음 몇 달 동안 뉴턴은 왕립 천문대장인 존 플램스티드에게 행성들의 정확한 위치에 대한 자료를 보내 달라고 계속 편지를 보냈다. 플램스티드는 번거로움을 무릅쓰고 최선을 다해 도우려고 했지만, 뉴턴이 왜 그렇게 귀찮게 구는지 이해할 수 없었다. 다른 사람들과 마찬가지로 그 역시 행성들의 궤도는 태양의 중력에 붙들려 고정돼 있을 뿐이며, 달리 생각할 여지가 없다고 보았다. 그는 뉴턴이 무엇을 의심하는지 전혀 감도 잡지 못했다. 뉴턴은 각 행성은 자체 중력을 갖고 있기 때문에, 비록 아주 미미하더라도 서로의 궤도에 영향을 미칠 거라고 생각했다.

1686년 여름, 마침내 《자연 철학의 수학적 원리 *Philosophiae Naturalis Principia Mathematica*》를 출판할 원고가 마침내 완성되었다. 뉴턴은 이 책이 불멸의 대작이 되리란 사실을 알고 있었기 때문에 그에 걸맞은 작품이 되도록 꼼꼼하게 신경 썼다.

17세기에 불멸의 대작을 쓰는 방법

- 라틴 어로 써야 한다. 그래야 전 세계의 모든 학자가 읽을 수 있기 때문이다. 또, 그래야 무식한 농부는 단 한 마디도 이해하지 못해 어리석은 질문을 하는 일이 없을 것이다.

- 미적분은 절대로 사용하지 말 것. 새로 발명한 이 방법은 당분간 비밀에 부쳐야 하니까. 대신에 모든 증명과 추론은 고대 그리스 수학을 바탕으로 하기로 한다. 조금 귀찮고 번거로운 방법이긴 하지만, 그래도 이것은 사람들이 수천 년 동안 배워 온 방법이다.

- 근사한 제목은 필수! '자연 철학의 수학적 원리', 뭔가 있어 보이고 멋진 제목이 아닌가!

- 절대로 로버트 훅이 보아서는 안 된다.

처음 세 가지는 문제가 없었지만 마지막 항목은 지키기가 어려웠다.

《프린키피아》('자연 철학의 수학적 원리'를 줄여서 흔히 이렇게 부른다) 원고를 다 쓰고 나자, 그것은 한 권 분량이 아니라 세 권 분량이나 되었다. 첫 번째 책은 기본적으로 '궤도를 도는 물체의 운동에 관해'라는 논문을 고쳐 쓴 것으로, 1686년 4월에 왕립 학회에 원고를 제출했다. 《프린키피아》의 출판 작업은 에드먼드 핼리가 책임을 맡고 진행했는데, 그 일에는 그가 적임자였다. 만약 핼리가 없었더라면 이 책은 결코 출판되지 못했을지도 모른다. 핼리는 뉴턴에게 그 책을 쓰라고 격려하고 원고를 검토하기 위해 자신의 연구마저 내팽개치고 매달렸다. 그리고 출판에 드는 비용도 자비를 들여 가며 지원했는데, 그것 말고도 큰 문제가 두 가지 더 있었다.

《프린키피아》의 출판에 따른 문제

첫 번째 문제는 출판 비용이 아주 많이 든다는 것이었다. 그때나 지금이나 책을 출판해 투자 비용을 회수하려고 하는 것은 일종의 도박이다.(이 점에서 만약 여러분이 직접 돈을 주고 이 책을 샀다면, 감사의 뜻을 전하고 싶다. 정말 고맙다!) 왕립 학회는 얼마 전에 《데 히스토리아 피스키움 *De Historia Piscium*》이라는 대작을 출판했지만, 그 책은 거의 팔리지 않았다. 이 라틴 어 제목을 번역하면 '어류의 역사'라는 근사한 제목인데도 불구하고 그랬다. 이렇게 근사한 제목을 단 책이라면 날개 돋친 듯이 팔릴 것 같지만, 독자의 마음은 여자의 마음처럼 알 수가 없다.

그래서 왕립 학회 회원들은 얼마 남지 않은 예산을 또 다른 책에 투자하는 게 과연 현명한 짓인지 의심했다. 핼리는 자기 돈을 투자하는 것 외에도 그들의 마음을 돌려세우느라 갖은 애를 다 썼다. 사실 《프린키피아》도 처음 출판되었을 때 그다지 많이 팔리지 않았다. 하지만 얼마 지나지 않아 전 세계 과학자들의 필독서가 되었다.

핼리가 안고 있던 또 한 가지 고민은 큰 불평을 품은 사람을 처리하는 문제였다.

오, 잠깐만 진정해요, 훅 씨. 이 문제는 공정하게 다루기로 합시다. 몇 년 전에 당신은 '혜성의 본질에 관해'라는 논문을 썼지요. 거기서 당신은 태양과 모든 행성은 자체 중력을 갖고 있다고 말했고, 역제곱 법칙도 언급했지요. 그렇지만 당신의 설명은 근거가 약했고, 실제로 존재하지 않는 '에테르' 가설을 바탕으로 하고 있었어요. 뉴턴은 당신보다 훨씬 전에 역제곱 법칙을 생각해 냈지만 그것을 비밀에 부쳤을 뿐이에요. 게다가 당신은 그저 추측만 했지 뭐 하나 제대로 증명한 것은 없잖아요?

네, 물론 그러셨겠죠.

　1686년 후반에 뉴턴은 《프린키피아》 제2권 원고를 끝낸 뒤 마지막 권도 막 끝내 갈 무렵이었다. 훅이 런던의 커피 전문점에서 자기 험담을 하고 다닌다는 소문을 들었다. 그러자 뉴턴은 세 번째 권의 원고를 주지 않겠다고 말해 핼리를 당황하게 만들었다.
　결국 핼리는 크리스토퍼 렌과 함께 훅이 그러고 다녀 봐야 결국 자기 얼굴에 침뱉기밖에 안 된다고 뉴턴을 설득했다. 뉴턴은 결국 마음을 바꾸어 원고를 내놓았지만, 처음에 쓴 것을 많이 고쳐 썼다. 처음 원고는 쉽게 읽을 수 있게 썼지만, 고쳐 쓴 원고는 처음 두 권을 제대로 읽고 이해한 사람만 이해할 수 있었다. 그리고 수학도 되도록 아주 어렵고 복잡한 것을 사용했다. 훅이 그것을 모방하거나 심지어 자기 것이라고 주장하지 못하게 하기 위해서였다.

* 이 방정식을 풀면, 그 해는 ±3이 된다. 푸는 방법을 간단히 소개하면, 양변을 제곱하고 4를 곱해 주면, $4a^2 = a^4 - 5a^2$이 된다. 정리하면, $a^4 = 9a^2$. 양변을 a^2으로 나누면, $a^2 = 9$. 따라서 $a = ±3$.

《프린키피아》는 무엇에 대해 쓴 책인가?

바로 힘에 대해 쓴 책이다. 답이 너무 간단해서 실망했는가? 그렇지만 《프린키피아》 원본은 모두 550쪽이나 되기 때문에 그 안에는 온갖 내용이 다 들어 있다. 그렇지만 여러분이 욕조에서 이 부분을 읽고 있고, 벌써 물이 식어 가기 시작해 《프린키피아》의 핵심 내용을 빨리 파악하길 원한다면, 다음 두 가지만 알면 된다.

- 물체를 더 세게 밀수록 그 물체의 속도가 더 빨라진다.
- 모든 물체 사이에는 서로 끌어당기는 힘이 작용한다. 물체들이 크고 단단하고 그 사이의 거리가 가까울수록 그 힘은 더 크다.

그리고 나서 욕조에서 나와 몸을 말리고 나서 할 일을 하면 된다. 나중에 이 책을 다시 펼친다면, 《프린키피아》의 자세한 내용은 건너뛰고 그냥 179쪽부터 읽어도 된다. 그렇지만 그렇게 한다면, 여러분은 나머지 독자들이 지금부터 배우게 될 《프린키피아》의 가장 중요한 지식을 놓치게 될 것이다. 그러니 귀찮다고 피하면 여러분만 패자가 될 뿐이다!

《프린키피아》의 핵심 내용 - 간단하고 쉽게 요약한 것

오늘날 힘과 중력과 무게 개념은 여러분도 분명히 알고 있을 정도로 간단하다. 하지만, 뉴턴이 그것을 처음 도입하기 전에는 세상 사람들은 단지 '에테르'와 '제자리를 찾아가려는 물체의 경향'이라는 개념 정도만 알고 있었다. 뉴턴은 이 놀라운 개념들을 새로 도입했을 뿐만 아니라, 그저 어떤 일이 일어난다고 애매모호하게 말하는 대신에 모든 것을 정확하게 측정하고 계산하는 방법도 보여 주었다.

《프린키피아》에서 가장 유용한 부분은 지금도 매일 공학자들과 물리학자들이 사용하고 있다. 바로 이것이다.

운동의 법칙(뉴턴의 법칙)

운동의 제1법칙: 정지하고 있는 물체는 외부의 힘이 작용하지 않는 한 계속 정지해 있으려고 한다. 또, 직선 방향으로 일정한 속도로 움직이는 물체는 외부의 힘이 작용하지 않는 한 똑같은 속도로 같은 방향으로 계속 움직인다.

첫 번째 부분은 아주 간단하다. 움직이지 않는 물체야 누가 손을 대서 힘을 가하지 않는 한, 그냥 그 자리에 가만히 있을 것이다. 그거야 여러분도 다 아는 사실이지!

그렇지만 두 번째 부분은 좀 신기해 보인다. 직선 방향으로 움직이는 물체는 외부의 힘이 작용하지 않는 한 계속 그 방향으로 움직인다고? 반반한 직선 도로에서 일정한 속도로 달리는 자동차에 타고 있다고 상상해 보자. 눈을 감고 귀를 꽉 막고 있다면 여러분은 자동차가 얼마나 빨리 달리는지 알 수 없다. 심지어 자동차가 달리지 않고 정지하고 있는지조차 알 수 없다. 왜냐하면 외부에서 여러분에게 아무런 힘도 가해지지 않고, 여러분은 자리에 가만히 앉아 있기 때문이다.

만약 자동차가 갑자기 속도를 높이면, 여러분은 뒤쪽으로 밀리는 힘을 느끼기 때문에 그 사실을 알 수 있다. 그렇지만 자동차가 더 높은 속도에 이른 뒤에 계속 그 속도로 달린다면, 여러분은 다시 아무 힘도 못 느끼게 된다.

그러다가 자동차가 갑자기 브레이크를 밟으면, 속도가 뚝 떨어지면서 여러분은 앞으로 휙 내던져지는 힘을 느낄 것이다. 안전띠를 매야 하는 이유는 이 때문인데, 급정거할 때 몸이 앞으로 튀어나가는 걸 막기 위한 것이다.

자동차가 모퉁이를 돌아갈 때에도 몸이 한쪽으로 쏠리는 걸 느낌으로써 그 사실을 알 수 있다.

롤러코스터는 여러분을 태우고 속도를 높였다가 늦췄다가 하면서 달리고, 옆 방향이나 수직 방향으로도(즉, 거꾸로 매달린 채) 빙 돌면서 공포와 스릴을 맛보게 한다. 그래서 여러분은 사방에서 엄청난 힘을 경험하면서 짜릿한 전율을 느낀다.

따라서 속도를 높이거나 낮출 때, 그리고 방향을 바꿀 때에는 항상 힘이 작용한다. 이것이 바로 운동의 제1법칙이다.

이것과 관련해 흥미로운 사실이 하나 더 있다.

공을 앞쪽으로 똑바로 던졌을 때, 날아가는 공에는 두 가지 힘이 작용한다. 하나는 공기 저항이 공의 속도를 늦추는 힘이고, 다른 하나는 공을 땅으로 끌어당기는 중력이다.

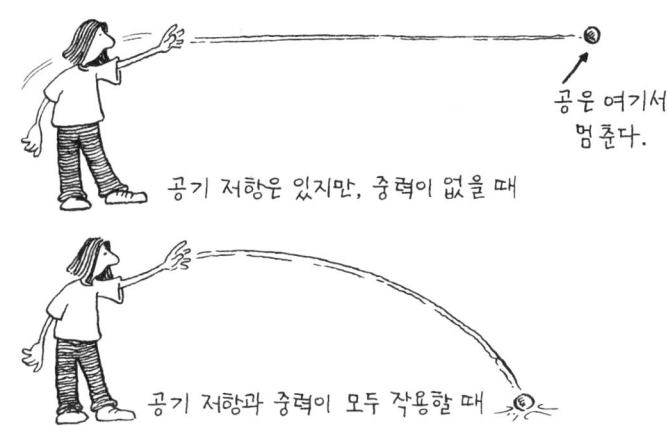

만약 이런 힘들이 없다면, 공은 직선으로 우주 끝까지 영원히 날아갈 것이다!

정말 놀랍지?

> **운동의 제2법칙**
>
> 운동의 변화(즉, 가속도)는 힘의 크기에 비례한다.

혹시 자동차를 밀어 본 적이 있는가? 처음에 자동차를 약간 움직이게 하려면 아주 큰 힘이 필요하다. 자동차의 속도를 높이는 데, 즉 가속시키는 데 큰 힘이 필요하기 때문이다. 그렇지만 일단 자동차가 어느 속도에 이르면 그렇게 세게 밀지 않아도 자동차는 잘 굴러간다.(자동차가 일단 어느 속도에 이르면, 공기 저항과 바퀴의 마찰력을 극복할 정도의 힘만 가하면 자동차는 같은 속도로 계속 나아간다.)

도와주는 사람이 한 사람 더 있으면, 자동차는 두 배의 힘을 받게 되어 두 배 더 빨리 움직일 수 있다. 반면 혼자서 자동차 두 대를 민다면 자동차의 속도는 절반으로 줄어들 것이다.

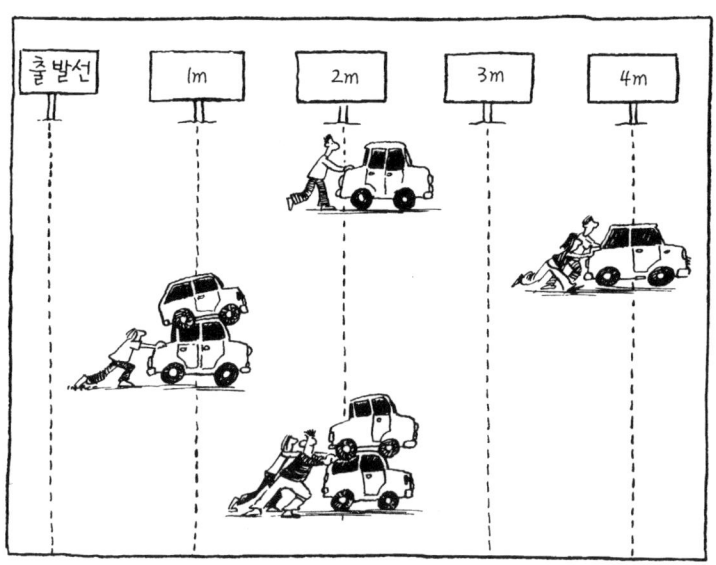

10초 뒤 자동차들의 위치

이 법칙은 간단한 공식으로 나타낼 수 있는데, 물리학에서 아주 중요한 공식으로 쓰인다.

$$F = ma$$
즉, 힘 = 질량 × 가속도

(영어로 힘은 force, 질량은 mass, 가속도는 acceleration인데, F와 m과 a는 각각 그 머리글자를 딴 것이다.)

물론 아무 설명 없이 "힘은 질량에 가속도를 곱한 것과 같다."라고만 말하는 것은 너무 불친절하며, 다른 사람들은 그게 무엇을 뜻하는지 알기 힘들 것이다. 그래서 뉴턴은 《프린키피아》의 첫 부분에서 이런 용어들이 정확하게 무엇을 의미하는지 정의했다. 그럼 우리도 그 정의를 살펴보기로 하자.

가속도

갈릴레이 이야기를 할 때 가속도를 다룬 바 있다. 앞으로 돌아가 찾아보기가 귀찮은 사람을 위해 간단히 설명한다면, 가속도는 속도의 변화율이다. 즉 속도가 얼마나 빨리 변하는지 그 정도를 나타낸 것이다. 만약 여러분이 초속 1m로 출발했는데, 1초 뒤에는 초속 2m로, 2초 뒤에는 초속 3m,…로 속도가 계속 증가한다고 하자. 그러면 여러분은 1초당 초속 1m씩 속도가 증가하고 있다. 이 경우, 가속도가 제곱초당 1m라고 하며, $1m/s^2$라고 쓴다(s는 영어로 초를 뜻하는 second의 머리글자).

질량

오늘날 질량은 kg 단위로 측정한다. 질량은 물체의 부피와 질량에 따라 달라진다. 좀 쉽게 말하면 물체가 얼마나 크고 단단하느냐에 따라 달라진다.

똑같은 크기의 벽돌과 스펀지가 있다고 상상해 보자. 벽돌은 스펀지보다 질량이 훨씬 큰데, 그것은 밀도가 더 높기 때문이다. 물론 스펀지의 크기가 벽돌보다 1000배쯤 크다면 당연히 스펀지의 질량이 크다. 그건 벽돌의 양보다 스펀지의 양이 더 많기 때문이다.

주의할 게 하나 있는데, 질량과 무게가 똑같지는 않다는 점이다. 질량은 어떤 물체 속에 들어 있는 물질의 양을 말하기 때문에 우주 어디에 그 물체를 갖다 놓더라도 변화가 없다. 그렇지만 무게는 질량에 중력 가속도를 곱한 것이기 때문에 물체가 있는 곳의 중력에 따라 달라진다. 단위도 질량은 g이나 kg을 쓰는 반면, 무게는 g중이나 kg중으로 쓴다.(다만, 일상 생활에서 우리는 흔히 무게를 그냥 g이나 kg으로 이야기하며, 또 지구 위에서는 질량이나 무게의 크기가 같다.)

그럼 질량과 무게의 차이를 직접 실험을 통해 알아보자. 준비물로는 체중계와 우주선이 필요하다. 준비물을 다 갖추었으면, 다음과 같이 해 보라.

1. 체중계 위에 올라가 몸무게를 잰다. 몸무게가 50kg이 나왔다고 하자.

2. 이제 체중계를 갖고 우주선을 탄다. 그리고 달로 날아간다.

3. 달에 도착하면 몸무게를 재 본다. 세상에 이럴 수가! 여러분의 체중이 8kg으로 줄어든 게 아닌가!

4. 이제 지구로 돌아갈 시간이다. 도중에 우주 공간에서 몸무게를 한 번 더 재어 보라. 몸이 공중에 둥둥 뜨기 때문에 이것은 생각보다 쉬운 일은 아니다. 그렇다면 몸무게는 얼마일까? 그야 물론 0kg이다!

도대체 무슨 일이 일어난 것일까? 여러분의 몸무게는 어디로 날아간 것일까? 혹시 우주 벌레가 여러분의 몸속을 갉아먹은 것일까?

물론 그런 것은 아니다. 이해하기 어렵겠지만, 무게는 힘이라는 사실을 이해해야 한다. 여러분이 체중계 위에 섰을 때 체중계는 여러분의 질량을 재는 게 아니다. 체중계는 여러분의 발이 체중계를 누르는 힘을 잰다. 그 힘은 지구의 중력이 여러분의 질량을 지구 중심으로 끌어당기는 데서 나온다. 달에서는 여러분의 질량을 끌어당기는 중력이 약하기 때문에 여러분의 발이 체중계를 누르는 힘이 작다. 우주 공간에서는 중력이 거의 없으므로 체중계에는 아무런 힘도 미치지 않는다. 그래서 무중량 상태가 되는 것이다! 그렇지만 여러분의 질량은 어디에서나 똑같이 50kg이다. 여러분의 몸을 이루고 있는 원자의 양은 그대로이기 때문이다.

체중계는 질량이 아니라 힘을 측정하기 때문에 정확하게는 단위를 kg을 쓰지 말고 힘의 단위로 나타내야 한다. 그런데 도대체 힘이란 무엇인가?

힘

뉴턴이 힘을 설명하기 전에는 힘이 정확하게 무엇인지 아는 사람이 없었다. 그렇지만 지금은 힘의 정의가 명확하게 내려져 있다.

여러분이 질량 1kg짜리 금속 덩어리를 들고 우주 공간에 떠 있다고 상상해 보자. 그리고 그것을 밀어서 초당 초속 1m(즉, $1m/s^2$)로 가속시키려 한다고 하자. 그러면 정확하게 얼마나 큰 힘을 가해 주어야 할까? 그 답은 1뉴턴(N)이다.

뉴턴이라고? 그래, 뉴턴의 업적을 기려 과학자들은 '뉴턴'이란 힘의 단위를 정했으며, 기호로는 N이라고 쓴다. 따라서 정확하게 한다면 체중계에도 N 단위로 눈금이 매겨져야 한다. 그렇다면 1N은 1kg의 무게와 똑같을까? 애석하게도 그게 그렇지 않다.

다시 '힘 = 질량 × 가속도'란 공식으로 돌아가 보자.

갈릴레이는 낙체는 가속도가 일정하다는 사실을 발견했는데, 지구에서는 그 값이 $9.8m/s^2$이다.(반면에 달에서는 겨우 $1.6m/s^2$이다.) 계산을 편하게 하기 위해 그 값이 $10m/s^2$이라고 치고 공식에 대입하면, 땅으로 떨어지는 물체의 힘은 다음과 같이 된다.

힘 = 질량 × 10

따라서 건물 옥상에서 떨어지는 여러분의 몸무게가 50kg이라면, 지구가 여러분을 끌어당기는 힘의 크기는 다음과 같다.

힘 = 50kg × 10m/s² = 500N이 된다.

낙체의 가속도는 일정하다고 했기 때문에, 여러분이 어떤 속도로 떨어지더라도 이 힘은 계속 똑같이 작용한다. 설사 여러분이 0의 속도로 떨어진다 하더라도(즉, 전혀 떨어지지 않고 체중계 위에 서 있다 하더라도), 여러분을 땅으로 끌어당기는 힘의 크기는 여전히 500N이다.

체중계를 kg 단위가 아니라 N 단위로 표시해야 한다는 이유는 이 때문이다.(kg중이라는 단위를 쓸 때, '중'은 중력 가속도, 즉 9.8m/s²를 나타낸다. 그러니까 kg중은 kg에 9.8m/s²에 곱한 값이니, N과 같다.) 그렇지만 체중계를 만드는 사람들은 여러분이 체중계를 지구에서만 사용할 것이라고 생각하기 때문에, kg 단위로 눈금을 표시한다.

이 책 앞부분에서 뉴턴이 너무 많으면 여러분이 죽을지도 모른다는 사실을 알게 될 거라고 한 말이 기억나는가? 만약 무게 2톤짜리 코끼리가 여러분을 깔고 앉는다면, 2만 N의 힘으로 여러분을 짓누를 것이다. 그 결과는 상상에 맡긴다.

운동의 제3법칙
모든 작용에는 크기는 같고 방향은 정반대인 반작용이 따른다.

이것은 아주 간단한 법칙이다. 이 법칙은 여러분이 누구를 밀면, 그 사람도 똑같은 힘으로 여러분을 민다는 뜻이다.(혹은 누구를 끌어당기면, 그 사람도 똑같은 힘으로 여러분을 끌어당긴다.) 자동차를 타고 달릴 때, 좌석 등받이는 여러분을 앞으로 미는데, 이때 여러분도 똑같은 힘으로 좌석 등받이를 뒤쪽으로 민다. 또 다른 예를 하나 살펴볼까? 줄다리기를 생각해 보자.

청군과 백군이 똑같은 힘으로 끌어당긴다면 줄은 어느 쪽으로도 이동하지 않고 멈춰 있을 것이다.

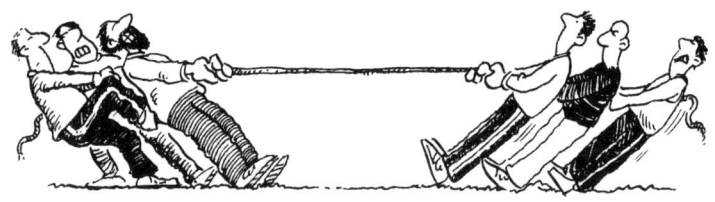

만약 청군이 좀 더 센 힘으로 잡아당기면 그 힘 때문에 백군은 청군 쪽으로 가속될 것이다.

이때 백군이 갑자기 줄을 탁 놓아 버린다면, 청군은 끌어당기는 힘을 받쳐 주는 대상이 없어 뒤로 발라당 나자빠지고 말 것이다.

이번에는 공중으로 점프를 할 때 일어나는 일을 살펴보자. 여러분이 발로 땅을 박차면서 밀면, 땅도 여러분을 밀어 공중으로 붕 뜨게 한다. 예컨대 1m를 점프했다고 하자. 그런데 여러분이 발로 땅을 미는 순간 지구는 여러분과 반대 방향으로 움직인다. 여러분과 지구는 서로를 밀었지만 지구가 여러분보다 훨씬 크고 무겁기 때문에 지구가 움직이는 거리는 아주 짧다. 그러니까 0.00000000000000000000001m쯤 움직인다.

이 때문에 혹시라도 지구가 궤도를 이탈하지 않을까 불안해할 필요는 없다. 땅으로 떨어질 때에는 정반대 일이 일어난다. 지구는 중력으로 여러분을 끌어당기지만 여러분도 중력으로 지구를 끌어당긴다. 그러니 점프를 하고 나서 땅에 내려오면 지구는 다시 원래 자리로 돌아온다. 물론 아주 높이 점프해서 여러분이 지구 밖으로 나가 버린다면 지구는 원래 궤도에서 아주 조금 움직일 것이다. 이 경우 샌드위치나 두꺼운 외투를 챙겨 갈 겨를도 없이 졸지에 우주 미아가 된 여러분이, 지구가 궤도에서 아주 약간 이탈한 것을 염려할 여유는 없을 것이다.

중력 방정식

이 모든 법칙과 설명은 환상적인 결론을 향해 나아갔다. 뉴턴은 아주 작은 입자에서부터 가장 큰 별에 이르기까지 우주의 모든 것은 각자 중력을 지니고 있으며, 서로 끌어당기는 힘이 작용한다고 말했다. 그런데 그 중력의 크기는 얼마일까? 뉴턴은 두 물체 사이에 서로 끌어당기는 힘의 세기는 다음 방정식으로 나타낼 수 있다는 사실을 발견했다.

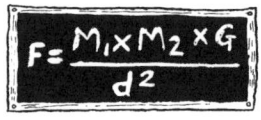

$$F = \frac{M_1 \times M_2 \times G}{d^2}$$

F: 힘(중력)
M_1: 첫 번째 물체의 질량
M_2: 두 번째 물체의 질량
d: 두 물체 사이의 거리
G: 중력 상수

뉴턴은 이 공식을 우주에 존재하는 모든 물체에 적용할 수 있다고 주장했고, 이 법칙을 '만유 인력의 법칙'이라고 불렀다.

사실은, 뉴턴이 이 주장을 처음 했을 때에는 추측에 많이 의존했지만 나중에 올바르게 증명했다. 이 공식은 케플러의 법칙하고도 맞아 떨어졌고, 플램스티드가 왕립 천문대에서 관측한 자료하고도 일치했다. 그래서 이 공식은 온갖 종류의 문제를 푸는 걸 가로막고 있던 장애물들을 제거해 주었다.

- 태양 주위를 도는 행성의 경우, 행성과 태양의 질량, 그리고 둘 사이의 거리를 공식에 대입하면, 태양과 행성 사이에 작용하는 중력의 크기를 계산할 수 있다.

- 지구를 떠나는 우주선에 미치는 중력의 크기를 계산하고 싶다면 우주선과 지구의 질량을 공식에 대입하고, 우주선이 멀어져 가는 만큼 거리를 계속 바꾸어 주면 된다. 필요하다면 뉴턴이 발명한 미적분을 사용해도 된다.

- 체중계가 달에서도 제대로 작동하도록 체중계의 눈금을 고쳐 쓰는 데 사용할 수도 있다.

- 중력 방정식은 진자 시계가 왜 적도에서는 북극에서보다 약간 느려지는지 설명해 준다. 지구는 자전하기 때문에 적도 쪽이 약간 불룩하게 솟아 있다. 따라서 적도 표면은 북극 표면보다 지구 중심에서 거리가 약간 더 멀다. 중력 방정식에 따르면 중력은 거리의 제곱에 반비례한다. 즉, 적도 표면에 작용하는 중력이 그만큼 더 약하다는 이야기!

- 만약 여러분이 속으로 좋아하는 이성과 같은 교실에 앉아 있다면, 두 사람 사이에 서로 끌어당기는 중력의 세기도 계산할 수 있다. 조금만 참아라. 조금 있다가 계산해 줄 테니까!

뉴턴은 실로 엄청난 발견을 했다. 뉴턴이 유일하게 살아서 보지 못한 것은 만유인력 상수인 'G'의 정확한 값이었다. 그 값은 1798년에 헨리 캐번디시가 마침내 정확하게 측정했다. 만유인력 상수는 측정 단위에 따라 크기가 달라지는데, 거리를 m, 질량을 kg, 힘을 N 단위로 측정한다면, 만유인력 상수 $G = 0.0000000000667$이다.

자, 그럼 여러분이 세상에서 가장 좋아하는 사람과 3m만큼 떨어져 있다고 가정하고 계산해 보자. 둘 사이에 끌어당기는 중력의 세기는 얼마일까?

두 사람 다 몸무게가 50kg이라고 하고, 중력 방정식

$$F = \frac{M_1 \times M_2 \times G}{d^2}$$ 에 대입하면,

$$F = \frac{50 \times 50 \times 0.0000000000667}{3 \times 3}$$

이것을 계산하면, 둘 사이에 끌어당기는 중력의 세기는 0.0000000185N이다.

솔직하게 말해서, 이 정도 힘은 여러분을 순식간에 끌어당겨 충돌시킬 정도로 강한 힘은 아니다. 그렇지만 두 사람이 진공 상태 속에 떠 있을 경우, 이틀 정도 끈기 있게 기다리면 마침내 서로를 향해 끌려가 닿게 될 것이다. 뭐 어쨌거나 아무리 작은 힘이라 하더라도 두 사람 사이에 서로 끌어당기는 힘이 작용한다는 것은 좋은 일이 아닌가? 그런데 몸무게를 잔뜩 불려서 중력을 크게 하면 좋아하는 사람을 더 강하게 끌어당길 수 있지 않을까? 만약 그런 생각을 한 사람이 있다면, 다시 생각해 보는 게 좋을걸…….

왕들이 문제야!

뉴턴이 《프린키피아》를 쓰고 있을 때, 주변에서는 심각한 일들이 벌어지고 있었다. 그 당시 영국에서는 흔히 일어나는 일이었지만, 새로 왕이 된 사람이 이전의 왕과 신앙이 다르면 큰 혼란이 벌어졌다. 그 혼란의 출발점은 헨리 8세 시절로 거슬러 올라간다.

이렇게 해서 헨리 8세는 교황에게서 독립하여 영국 성공회의 수장이 되었다. 그런데 그 뒤 사건은 복잡하게 전개되었다.

특히 피의 메리나 엘리자베스 1세 시절에는 신앙이 무엇이냐에 따라 몹시 힘들 수 있었다. 신앙이 다르다는 이유로 산 채로 불태워질 수도 있었으니까.

어쨌든 우리의 이야기가 펼쳐지는 1685년 당시에는 모두가 신교도 왕의 통치에 익숙해져 있었는데, 갑자기 이런 일이 생겼다.

런던 타임스
1685년 2월
왕이 서거하다

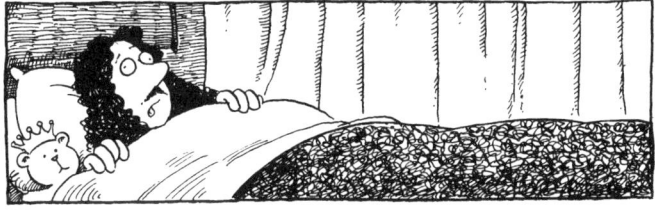

지난 주 화이트홀에서 뇌졸중이 일어난 영국 왕 찰스 2세가 닷새 동안 병상에 누워 있다가 2월 6일에 세상을 떠났다.

그런데 임종 직전에 찰스 2세는 옛 친구인 허들스톤 신부를 불렀는데, 허들스톤은 왕을 가톨릭 교도로 개종하게 했다는 소문이 나돌고 있다.

찰스 2세의 할머니 앤(제임스 1세의 왕비)이 강경한 가톨릭 교도였고, 새로 왕위에 오른 그의 동생 제임스 2세 역시 가톨릭 교도라는 사실을 감안하면, 전혀 예상 밖의 일은 아니다. 새 왕의 나이는 51세이다.

아직도 매달려 있는 크롬웰의 머리

그렇다, 올리버 크롬웰의 머리는 아직도 웨스트민스터 홀 바깥에 세워진 기둥에 매달려 있다. 비록 눈알은 오래 전에 새에게 파먹히고, 머리는 새똥으로 뒤덮여 있긴 하지만 말이다.

새 왕인 제임스 2세는 똑똑하고 기업가처럼 나라를 다스렸지만, 가장 열정을 쏟은 일은 영국을 다시 가톨릭 국가로 되돌려 놓는 것이었다. 그래서 영향력을 행사해 군대나 법조계, 정부, 대학에서 높은 자리는 모두 가톨릭 교도가 차지하게 했다. 그렇지만 국민의 저항이 만만치 않았다. 특히 케임브리지 대학에서 저항이 심했다.

하마터면 교수형을 당할 뻔한 뉴턴

뉴턴은 영국 성공회를 그다지 좋아하지 않았지만, 로마 가톨릭은 더 싫어했다. 종교에 대한 자신의 견해를 드러내는 것은 분명히 어리석은 짓이었지만 그는 용감하게도 새 왕을 비판하고 나섰고, 케임브리지 저항 운동에 동참했다. 그것은 아주 위험한 짓이었다. 제임스 2세 통치 초기에 제프리스 판사는 '피의 재판'을 통해 반역자 300명에게 교수형을 선고한 적이 있었다. 뉴턴도 그런 식으로 행동하다간 머지않아 그의 차례가 오게 뻔했다.

달아난 왕

다행히도 대다수 영국 국민은 제임스 2세의 행동이 부당하다고 생각했고, 얼마 지나지 않아 왕에게 큰 반감을 가지게 되었다. 1688년, 신교도인 윌리엄 3세는 이러한 분위기에 편승하여 네덜란드에서 군대를 이끌고 영국으로 쳐들어왔다.

런던 타임스
1688년 12월

왕이 도망가다

네덜란드의 윌리엄 3세(빌럼 3세)가 군대를 이끌고 런던으로 진군하자, 시민들은 제임스 2세와 치열한 싸움을 기대하면서 환호했다. 그러나 왕이 나타나지 않자, 시민들은 실망을 감추지 못했다. 왕은 윌리엄 3세의 신교도 군대뿐만 아니라 군중의 분노가 무서워 도망가고 말았다. 그럴 만도 하다. 아버지인 찰스 1세도 크롬웰에게 목이 달아났으니까 말이다. 그 생각만 해도 목이 시큰거렸을 것이다!

윌리엄 3세에게 제임스 2세를 끝까지 추격해 법정에 세우겠느냐고 물었더니, 그는 "엉?" 하고 대답했다. 아쉽게도 윌리엄 3세는 영어를 할 줄 모른다.

제임스 2세는 쏜살같이 프랑스로 도망갔다가 몇 달 뒤에 프랑스 왕의 도움을 받아 군대를 이끌고 아일랜드에 상륙했다. 가톨릭 교도가 많은 아일랜드 주민의 도움을 받아 거기서 영국으로 진격할 계획을 세운 것이다. 그러나 윌리엄 3세는 군대를 아일랜드로 보내 제임스 2세의 군대를 물리쳤다. 제임스 2세는 이번에도 재빨리 프랑스로 도망쳐 목숨을 건졌고 다시는 영국으로 돌아올 생각을 하지 않았다. 윌리엄 3세는 이번에도 그를 잡으려고 끝까지 추격하지 않았다. 여기에는 그럴 만한 사정이 있었다. 윌리엄 3세는 제임스 2세의 딸인 메리 2세와 결혼했기에 장인을 처형했다간 아내를 볼 낯이 없었을 것이다.

  윌리엄 3세와 메리 2세는 1689년에 공동으로 왕위에 올랐다. 이 사건은 뉴턴에게 뜻밖의 행운을 가져다 주었다. 케임브리지 대학을 대표하는 의원으로서 의회에 출석하게 되었기 때문이다. 그런데 의원 활동을 하는 동안 그가 발언을 한 것은 딱 한 번뿐이었다고 한다.

마침내 새 친구들을 사귀다

뉴턴은 의원으로 딱 1년만 활동했지만, 런던에서 지내는 동안 도움이 되는 친구를 많이 사귀었다. 그중 몇 사람을 여기에 소개하면……

존 로크 - 철학자

로크는 정치적으로 힘든 시기에 프랑스로 피신했다가 거기서 《프린키피아》를 읽었다. 그렇지만 수학은 전혀 이해하지 못하겠다고 솔직하게 이야기했다. 로크는 뉴턴의 놀라운 연구를 널리 알리는 데 큰 도움을 주었으며, 심지어 중력을 좀 더 단순하게 설명하라고 뉴턴을 설득했다. 두 사람은 아주 친한 사이가 되어 뉴턴은 자신의 종교적 견해까지 로크에게 털어놓았다. 로크는 뉴턴의 종교적 견해를 네덜란드에서 출판하려고 준비했지만 마지막 순간에 뉴턴이 겁을 먹고 만류했다.

크리스토퍼 렌 – 팔방미인형 천재

크리스토퍼 렌은 이미 앞에서 만나 보았다. 그는 뛰어난 건축가이자 수학자일 뿐만 아니라 친구로 사귀기에도 아주 유쾌한 사람이었다. 그 당시 렌은 화재로 잿더미가 된 런던의 재건 작업에 몰두하고 있었다.

새뮤얼 피프스 – 일기 작가

피프스도 앞에서 만난 적이 있다. 피프스는 그 당시 런던의 일상 생활을 일기로 꼼꼼하게 기록한 것으로 유명하다. 영국 해군 행정관과 상원 의원을 지냈고 왕립 학회 회장도 몇 년 동안 맡았다.

찰스 몬태규 – 유용한 연줄

몬태규는 성격이 쾌활한 사람으로, 핼리팩스 백작이 되었다가 나중에 재무부 장관을 지냈다. 그는 뉴턴의 연구에 그다지 큰 관심을 보이진 않았지만 친구로서는 아주 좋은 사람이었다. 나중에 뉴턴에게 큰 도움을 준다.

윌리엄 3세 – 영국 왕

왕을 알아두면 확실히 살아가는 데 큰 도움이 되었을 것이다.

니콜라 파시오 드 뒬리에 – 스위스 수학자

'파시오'라고 흔히 부르는 이 수학자는 뉴턴보다 20년 이상 젊었으며 뉴턴이 새로 사귄 사람들 중에서 가장 흥미로운 인물

이다. 20대 시절부터 천재성을 보인 파시오는 독일의 라이프니츠를 비롯해 당대의 천재들을 두루 사귀었다. 1689년에 그는 네덜란드의 유명한 과학자 크리스티안 하위헌스와 함께 영국을 여행했다. 그때 왕립 학회에서 뉴턴을 처음 만났다.

파시오는 훌륭한 학자를 매우 존경했는데, 그중에서도 특히 뉴턴을 위대하다고 생각했다. 뉴턴도 똑똑하고 훌륭한 이 젊은이가 마음에 들어 두 사람은 아주 친한 친구 사이가 되었다. 뉴턴은 파시오를 아들처럼 생각했을지도 모른다. 아니면 그저 자신의 연구가 아주 똑똑한 젊은이에게 큰 영향을 준 것에 기분이 좋았는지도 모른다. 어쨌든 두 사람은 기회만 닿으면 자주 만났고 멀리 떨어져 있을 때에는 애정어린 편지를 주고받았다. 두 사람은 서로를 보통 이상으로 좋아했는지도 모른다. 만약 그랬다면, 훅이 가만히 있을 리 없었겠지?

그렇지요? 훅이 시빗거리를 찾아내지 못했다면, 별 일이 없었던 게 틀림없다.

어둡고 위험한 연구

파시오는 좀 괴상한 생각을 갖고 있었는데, 뉴턴을 그 괴상한 연구에 점점 더 깊이 끌어들였다. 《프린키피아》의 큰 성공에 우쭐해진 뉴턴은 자신이 중력을 명쾌하게 설명한 것처럼 연금술과 종교도 명쾌하게 설명할 수 있는 연구를 하려고 했다. 기독교식 신앙이 잘못된 것임을 수학과 과학으로 확실하게 증명할 수 있는 책을 출판하길 원했을 것이다. 그렇지만 절대적인 증명을 찾지 못한다면 이단으로 몰릴 수 있었기 때문에 그 연구는 철저하게 비밀에 부쳐야 했다. 그 연구 자체도 아주 위험했다. 한번은 기르던 개가 촛불을 넘어뜨리는 바람에 실험실이 또 한 번 홀라당 타는 사고가 일어났다.

그런데 뉴턴과 파시오의 우정은 오래 가지 않았다. 1692년에 파시오는 뉴턴에게 죽어 가고 있다고 편지를 썼고, 이 편지를 받은 뉴턴은 공황 상태에 빠졌다. 그렇지만 파시오는 그 뒤에 60년을 더 살았으니 건강이 그렇게까지 나빴던 것은 아닐 것이다. 파시오는 뉴턴이 자신을 위해 시간을 내주었지만, 나머지 대다수 학자들이 자신의 연구를 비웃자 고민에 빠졌던 게 아닌가 싶다.

그 뒤 두 사람은 일 년 정도 더 편지를 주고받고 서로 방문하

다가 연락이 끊겼다. 파시오는 과학계에서 사라졌다가 결국에는 프랑스의 이상한 종교 집단에 합류해 함께 살아갔다.

건강이 크게 나빠졌다가 회복하다

파시오는 뉴턴을 우상처럼 숭배했고 어둡고 위험한 분야를 연구하도록 부추겼다. 파시오가 떠나고 나자 뉴턴은 가장 좋아하는 친구를 잃었을 뿐만 아니라 연구를 계속할 영감과 의욕마저 잃었다. 뉴턴에게는 연구 말고는 달리 가치를 느낄 만한 일이 없었다.

```
뉴턴의 비밀 일기

1693년 4월   외롭다.
1693년 5월   다 떠나고, 찾아오는 사람도 없다. 사람 보기가 어렵다.
1693년 6월   밤은 길고 낮도 길다. 밤은 길고 낮도 길다.
1693년 7월   숨쉬는 것도 눈물 없이 하기가 힘들다.
1693년 8월   ▓▓▓▓▓▓▓▓▓▓▓▓▓▓▓▓▓▓▓
```

이제 이 책에서 아주 중요한 시점에 이르렀다. 이후로는 뉴턴은 수학이나 과학에서 중요한 연구를 전혀 하지 않기 때문이다. 야호! 환성을 지르고 싶지? 이제 방정식이나 어려운 이론 같은 게 나오지 않을 테니까 말이다. 내 말이 정말인지 확인하기 위해 책을 끝까지 한번 죽 훑어보고 싶은 충동이 들지? 그렇다면 실제로 그렇게 해 보라. 얼마든지 기다려 줄 테니까.

음, 이제 확인하고 돌아왔는가? 사실은 끝부분에 조금 어려운 수식이 한두 개 나오긴 하지만, 그것은 뉴턴이 한 게 아니므로 속았다고 방방 뛰지는 말도록! 대신에 1693년으로 돌아가 뉴턴이 어떻게 더 심술궂고 불쾌한 사람으로 변해 갔는지 알아보자.

뉴턴은 9월에 가서야 런던의 친구들과 다시 연락을 하기 시작했는데 다소 괴상하고 불쾌한 편지를 보냈다. 피프스와 로크도 한 통씩 받았는데, 그걸 보고서 뉴턴의 건강이 정상이 아니라고 느꼈다. 그들은 갖은 노력 끝에 간신히 뉴턴을 설득해 그들의 도움을 받게 했다. 뉴턴은 충고에 따라 런던으로 가서 그들과 함께 지내면서 새 출발을 하기로 했다. 그런데 과연 런던에서는 어떤 일이 기다리고 있었을까?

사람들이 뉴턴에게 왕립 학회 회장이 될 생각이 없냐고 묻자 뉴턴은 단호하게 거절했다.

그러자 어떤 사람이 아주 근사한 제의를 했다. 오랜 친구인 찰스 몬태규가 재무부 장관으로 일하고 있었는데, 그가 관리하는 부서 중에 돈을 만드는 조폐국이 있었다. 몬태규는 뉴턴에게 조폐국 감독관 자리를 제의했다.

위폐범들의 악몽

뉴턴의 다른 친구들과 마찬가지로 몬태규 역시 과학계 전체가 뉴턴에게 얼마나 큰 신세를 졌는지 잘 알고 있었다. 그런 뉴턴이 여생을 가난 속에서 쓸쓸히 보내도록(요하네스 케플러가 그런 것처럼) 내버려 둘 수는 없었다. 조폐국 감독관 자리를 제의한 것은 그런 이유에서였다. 몬태규가 런던에 왔던 뉴턴의 조카딸인 캐서린에게 홀딱 반했다는 이야기도 있다. 여러 사람의 이야기를 들어 보면 캐서린은 정말 매력적인 여성이었던 것 같다. 어쨌거나 몬태규의 제의는 정말로 구미가 당기는 것이었다. 감독관이 하는 일이라곤 회의에 몇 차례 참석하는 것뿐인데, 봉급은 일 년에 2000파운드나 받았으니까 오늘날의 가치로 따지면 약 100만 파운드(약 20억 원)나 되는 거액이었다!

그런데 뉴턴은 빈둥거리면서 돈만 챙겨 가는 그런 부류의 사람이 아니었다. 그는 조폐국에서 자신이 하기에 딱 알맞은 일을 찾아냈다.

그 당시 영국의 화폐는 큰 위기에 처해 있었다.

- 동전 5개 중 1개는 위조된 것이었다.
- 진짜 동전 중 약 절반은 가장자리가 깎여 나갔다. 사람들은 동전에서 깎아 낸 금이나 은 부스러기를 모아 녹여서 팔았다.
- 이 때문에 영국 화폐는 가치가 떨어져서 외국에서 영국 화폐를 받으려고 하지 않았다.

만약 이 문제를 빨리 해결하지 않는다면, 영국은 파산을 맞이할 것이고, 군주제도 무너지고 말 것이다. 그렇게 되면 가톨릭 교도가 다시 영국을 지배할지도 몰랐다!

뉴턴의 비밀 일기

절대로 가톨릭 교도만큼은 안 된다! 나는 영국 성공회도 싫지만, 가톨리 교회의 교리는 정말 싫다! 만약 가톨릭 교도가 권력을 잡으면, 영국은 다시 내란의 소용돌이에 휘말릴 것이다. 높은 자리에 있는 내 친구들도 전부 무식한 이단자들에게 쫓겨날 것이다! 이런 일은 절대로 일어나서는 안 된다! 내가 이 문제를 해결해야겠다!

조폐국은 런던 탑에 있었는데, 그곳에 출근해 보니 조폐국장인 토머스 닐은 게으르고 무능했다. 닐이 사태를 파악하기도 전에 뉴턴은 바로 그 옆방으로 옮겨 가 조폐국 전체의 일을 감독하고 관리했다.

조폐국은 위폐 문제를 해결하기 위해 이미 위조가 어려운 새 동전을 만들고 있었다. 앞면과 뒷면에 훨씬 세밀한 문양을 인쇄했고, 테두리에 작은 홈을 파 누가 가장자리를 깎아 내면 쉽게 알아볼 수 있게 했다. 그렇지만 새 동전을 만드는 속도가 너무 느려서 뉴턴이 맨 먼저 한 일은 생산 속도를 높이는 것이었다.

런던 타임스

1696년 8월

조폐국에 큰 변화가 일어나다!

조폐국 감독관의 설계에 따라 새로 도입한 기계들이 이전보다 8배나 빠른 속도로 동전을 만들고 있다. 오전 4시부터 자정까지 노동자 300명과 말 50마리가 열심히 일하면서 일주일에 새 동전을 10만 파운드 이상 만들어 내고 있다.

피로에 지친 노동자의 말을 들어 보자.

"전 한 번 교대할 때마다 10시간씩 일해요. 그 이상은 정말 힘들어요! 그런데 뉴턴 감독관은 가끔 쉬지도  않고 20시간씩 일해요!"

아쉽게도 뉴턴 감독관(53세)의 의견은 들을 수가 없다. 아마도 작업 현장에 가 있는 모양이다.

새로 만든 동전이 시중에 유통되면서 위폐범들은 이전보다 위조를 하기가 더 어려워졌다. 그렇다고 해서 위폐 문제가 완전히 사라진 것은 아니었다. 비록 위폐 제작은 교수형을 당할 수도 있는 중범죄였지만, 가난한 사람들이 하도 많았기 때문에 가짜 동전을 만들려는 유혹에 빠지는 사람도 많았다. 적어도 뉴턴이 활약하기 전까지는 그랬다.

뉴턴은 조폐국에서 쏟아부은 이 모든 노력에도 불구하고 위폐범들이 자신의 노력을 비웃는다고 느꼈다. 누가 자신을 조롱한다는 것은 도저히 참을 수 없는 일이었다. 그래서 직접 위폐범을 잡아 처벌하기로 마음먹었다.

위폐범을 상대하는 것은 누구에게나 위험한 일이지만, 뉴턴에게는 특히나 위험했다. 뉴턴이 마지막으로 술집에 가 본 것은 위킨스와 함께 살던 30여 년 전 일이었다. 그런데 이제 위폐범들을 찾아내려고 런던에서 가장 불결하고 위험한 술집들을 조사하며 다녀야 했다.

뉴턴은 처음에는 이 위험하고 불결한 세계로 들어가길 꺼렸다. 하지만 뉴턴은 무슨 일이든지 일단 하기로 마음먹으면 늘 그랬듯이 금방 아주 잘 해냈다. 뉴턴은 덩치가 좋은 무장 경호원들을 이끌고 어디든지 가리지 않고 찾아가 정보를 알고 있을 듯싶은 사람을 붙잡고 심문했다. 사람들을 공포에 떨게 한 것은 우락부락하게 생긴 경호원들이 아니었다. 백발의 핼쑥한 얼굴에 매처럼 날카로운 눈으로 쏘아보는 뉴턴이었다. 그런 뉴턴이 불같이 화를 내면 아무리 배짱 좋은 불량배라도 겁에 질린 강아지로 변했다. 뉴턴은 전국 각지에서 정보를 수집했는데 위폐범을 잡기 위해 만든 법이 큰 도움이 되었다.

- 위폐범에 대한 정보를 제공하는 자에게는 보상금을 아주 많이 지급한다.
- 체포된 위폐범이 다른 위폐범 두 명을 밀고하면 흔쾌히 석방한다.

그러자 사람들이 입을 열기 시작했다. 뉴턴은 가능하면 위폐범의 재판에 반드시 참석했고, 그 결과 수백 명을 감옥에 보내고 수십 명을 교수형에 처하게 했다. 심지어 사형 집행 영장에 직접 서명하기도 했다.

거물 위폐범과의 대결

위폐범은 대부분 뒷골목에서 가난하게 사는 사람들이었지만, 윌리엄 챌로너라는 거물 위폐범은 상류층이 모여 사는 켄싱턴에서 떵떵거리며 살았다. 아무도 그가 그 많은 돈을 어떻게 벌었는지 알지 못했다. 챌로너는 스스로를 발명가라고 내세우면서 조폐국의 기계를 자기가 만든 것으로 교체하라고 제안하기까지 했다. 뉴턴은 그 제안을 단칼에 거절하고 챌로너를 조폐국 근처에 얼씬거리지도 못하게 했다. 이에 앙심을 품은 챌로너는 뉴턴에게 복수하기로 마음먹었다. 챌로너는 뉴턴의 기계들이 위폐를 만드는 데 쓰인다고 고발했다.

> ### 뉴턴의 비밀 일기
>
> 내가 위폐범으로 고발을 당하다니! 어처구니가 없다! 내가 하는 일은 모두 순수하고 깨끗하고 철저하게 조사된 것으로, 비판의 여지가 없다. 그런데 사람들이 챌로너의 말을 믿는다면? 그래서 내가 한 모든 연구가 공개적으로 조사를 당한다면 어떻게 될까? 그들은 종교에 대한 나의 이단적인 생각과 연금술 연구를 발견할지 모른다. 만약 그렇게 된다면 나는 끝장이다! 챌로너의 입을 다물게 해야 한다. 반드시!

챌로너가 고발을 통해 뉴턴을 골탕먹일 수 있다고 생각했다면 뉴턴을 너무 우습게 본 것이다. 뉴턴은 챌로너를 뒷조사하기 시작했는데, 놀랍게도 챌로너가 거물 위폐범이라는 사실을 알게 되었다. 뉴턴은 즉각 챌로너를 체포했지만 높은 사람을 많이 알고 있던 챌로너는 그들의 도움으로 풀려났다.

그렇지만 챌로너의 미소는 오래 가지 못했다. 뉴턴은 이번에는 챌로너를 확실히 끝장내기 위해 더 철저히 조사했다. 살해 위협까지 받으면서도 뉴턴은 뇌물과 협박을 비롯해 모든 수단을 동원해 필요한 정보를 수집했다. 챌로너는 18개월 동안 이리저리 법망을 피해 갔다. 그러는 동안 그는 다른 위폐범을 배신해 교수형을 당하게 하는가 하면, 심지어 정보를 제공한 사람 한두 명을 직접 자기 손으로 죽이기까지 했다. 그렇지만 이 모든 일은 챌로너 자신을 옭아매는 족쇄가 되었다.

뉴턴은 확실한 증거를 확보한 뒤에 챌로너를 기소했다. 챌로너의 친구들도 이번에는 어쩔 수 없었다. 챌로너는 마지막으로 뉴턴에게 목숨을 구걸하는 편지를 썼다.

1699년, 챌로너는 공개 처형장인 런던의 타이번에서 교수형을 당한 뒤 몸이 네 토막 나 죽었다. 거의 죽기 직전에는 배를 가르고 창자를 끄집어 내 사형수의 눈앞에서 불태웠다. 아직 살아 있는 챌로너의 몸을 네 토막으로 자르는 처형 장면은 상상만 해도 끔찍하기 짝이 없다. 그 당시 타이번에서는 그런 일이 자주 벌어졌는데 사람들은 소풍을 즐기듯이 모여들어 구경했다.

왕립 학회 회장

보통 사람이라면 조폐국에서 동전 제작을 감독하고 위폐범을 쫓는 것만 해도 무척 벅찼을 것이다. 딴 사람들과 마찬가지로 뉴턴에게도 하루는 24시간이었지만, 뉴턴은 잠자는 시간도 아까워하며 열심히 일했다.

그런 뉴턴이 잠깐 한눈을 판 적이 있었는데, 그것은 독일 수학자 라이프니츠 때문이었다. 라이프니츠는 스위스 수학자 베르누이와 함께 중력에 관한 문제를 생각했지만 그 답을 찾지 못했다. 그러자 공개적으로 그 문제의 답을 아는 사람이 있는지 물었다.

조폐국에서 오랫동안 일하고 돌아와 그 문제를 본 뉴턴은 그런 하찮은 문제 따위에는 신경 쓰고 싶지 않다고 말했다. 그것은 뉴턴다운 행동이었다. 특히 그 당시 뉴턴은 자신이 발명한 수학을 비밀에 부쳐 두고 있었고, 미적분의 발견을 놓고 라이프니츠와 다투고 있었다. 그렇지만 그 문제를 풀고 싶은 유혹을 강하게 느낀 뉴턴은 새벽 4시에 문제를 풀기 시작하여 그날 오전에 완전히 풀었다. 그리고 서명도 없이 그 답을 보냈지만, 라이프니츠는 그 풀이를 보자마자 누가 푼 것인지 알아챘다고 한다.

 라이프니츠가 낸 문제를 풀어서 그의 기를 꺾은 것은 통쾌한 일이었지만, 뉴턴은 굳이 그래야 할 이유가 없는 사람하고도 싸움을 벌이기 시작했다.
 왕립 천문대장인 존 플램스티드는 별과 행성의 움직임을 아주 정확하게 관측한 자료에 대해 큰 자부심을 느끼고 있었다. 그 자료는 《프린키피아》를 쓰는 데 꼭 필요했기 때문에 뉴턴은 그 자료를 제공해 준 플램스티드에게 고마움을 느꼈을 것이다. 보통 사람이라면 누구나 당연히 그렇게 생각했겠지만, 뉴턴은 누구에게 도움을 받은 걸 인정하길 싫어했다. 그래서 《프린키피아》에서도 플램스티드의 도움에 대해 별로 언급을 하지 않았다. 플램스티드는 겉으로 드러내 놓고 표현하진 않았지만 속으로는 기분이 상했을 것이다. 게다가 오래전에 플램스티드가 뉴

턴의 열렬한 지지자인 핼리하고 사이가 틀어진 것도 문제를 악화시켰다.

1694년, 뉴턴은 《프린키피아》 개정판을 내기로 결정하고 나서 플램스티드에게 달에 관한 자세한 관측 자료를 달라고 요구했다. 플램스티드는 친절하게도 그러겠다고 했지만 관측 결과와 계산이 완벽한지 확인하느라 시간이 좀 걸렸다. 몇 달이 지나는 동안 뉴턴은 참지 못하고 계속 독촉했고, 플램스티드는 서둘러 일을 마치려다가 작은 실수를 몇 가지 저질렀다.

이에 뉴턴은 화를 내면서 플램스티드에게 그냥 망원경이나 들여다보면서 본 것을 제대로 기록이나 하라고 말했다. 계산이 서툰 플램스티드는 아무리 간단한 계산일지라도 할 생각을 아예 말라는 것이었다. 왕립 천문대장이 될 만큼 능력을 인정받은 플램스티드에게 이것은 대단히 심한 모욕이었다. 그런데 아무도 뉴턴에게 그런 행동이 너무 심하다고 말해준 사람이 없었다. 사태는 더 악화되었다. 불쌍한 플램스티드! 그렇게 힘들게 일하면서 도와주었건만 결국 돌아온 것은 모욕뿐이었다.

왕립 학회 회장이 되다

1699년, 뉴턴은 닐의 뒤를 이어 조폐국장에 취임했고 평생 동안 그 자리를 지켰다. 덕분에 봉급도 크게 올랐다. 그렇지만 조폐국 일에 대한 흥미는 갈수록 시들해졌고, 몇 년이 지나자 뉴턴은 시간이 많이 남아돌게 되었다.

1701년에는 루카스 석좌 교수에서 물러나는 대신에 또다시 일 년 동안 의원으로 활동했다. 이 기간에 뉴턴은 옛날에 해놓았지만 아무에게도 알리지 않았던 과학 연구를 논문으로 써서 발표했다. 그러고도 뭔가 새로 도전할 만한 일이 없나 찾았다.

이제 우리는 이 책의 주요 등장 인물 한 사람에게 작별을 고할 때가 되었다.

그렇다! 로버트 훅이 1703년에 세상을 떠난 것이다. 그는 죽기 전까지 왕립 학회 서기를 맡고 있었다.

잠깐만요, 뉴턴! 무엇을 받아들인다고요?

왕립 학회는 뉴턴을 회장으로 추대했는데, 그만큼 똑똑한 천재는 없다는 데 아무도 이의가 없었기 때문이다. 그런데 뉴턴이 회장이 되고 나서 만행을 저지르는 걸 말릴 수 있는 사람도 없었다. 뉴턴이 회장이 되고 나서 맨 먼저 한 일이 무엇인지 아는가? 바로 왕립 학회 벽에 걸려 있던 훅의 초상화를 떼어 내 불사르는 것이었다.

그 전까지 왕립 학회는 대체로 게으르고 비효율적으로 돌아갔으며 전임 회장들은 왕립 학회에 잘 나타나지도 않았다. 그

러나 뉴턴은 달랐다. 모든 것을 확 뜯어 고쳐 개혁하기로 마음 먹었다.

- 뉴턴은 30년 전에 자신이 프리즘과 망원경을 보여 주었을 때 사람들이 보인 반응을 기억하고는, 회의를 열 때마다 회원들에게 실제 실험을 보여 주도록 했다.
- 눈엣가시 같은 혹이 사라졌으므로, 이제 빛에 관한 모든 연구를 모아 《광학》이라는 책으로 출판했다. 이 책은 라틴어와 영어 두 가지로 출판했고, 모든 사람이 재미있게 볼 수 있도록 최대한 쉽고 단순하게 썼다.
- 《광학》과 함께 《유율》도 출판했다. 77쪽에서 이야기했듯이, 이 때문에 20년 전에 미적분을 먼저 발표한 라이프니츠와 큰 싸움이 벌어지게 된다. 과학계의 두 거인은 서로를 비난하고 모욕하면서 격렬한 싸움을 벌였다. 1716년에 라이프니츠가 죽고 나서도 뉴턴은 그를 비난할 기회가 있으면 놓치지 않았다.

토론과 출판, 실험, 초상화 불태우기를 비롯해 온갖 흥미진진한 일이 일어나면서 왕립 학회는 주목을 끌게 되었다. 무엇보다도 성질은 고약하지만 매우 똑똑한 회장이 큰 관심의 대상이었다. 뉴턴이 왕립 학회 회장을 지낸 20년 동안 회의에 빠진 것은 단 세 번뿐이었다!

뉴턴 경

그랬다! 1702년에 뉴턴의 친구이기도 한 윌리엄 3세가 말에서 떨어져 저승에서 기다리고 있던 아내 메리에게 갔다. 메리의 여동생인 앤이 왕위에 올랐는데, 새 여왕이 된 앤은 신하들의 신임을 얻으려고 노력해야 했다. 그래서 영향력 있는 사람들에게 작위를 나누어 주기 시작했는데, 왕립 학회 회장이자 조폐국장이며 가장 위대한 과학자인 뉴턴도 그 명단에 있었다. 그래서 뉴턴은 1705년 5월에 기사 작위를 받았다.

비열한 술수

뉴턴은 라이프니츠와 치열하게 싸우느라 바빴지만, 그런 와중에도 마음에 들지 않는 사람이 있으면 결코 가만 두지 않았다. 왕립 천문대장인 플램스티드를 모욕했다는 이야기는 이미 앞에서 했다. 그런데 상황은 점점 더 나빠져 갔다. 왕립 천문대는 왕립 학회 밑에 있는 기구였다. 따라서 엄밀하게 따지면 왕립 학회 회장인 뉴턴은 왕립 천문대를 좌지우지할 수 있었다.

플램스티드는 다른 사람들(특히 뉴턴)을 위해 많은 일을 했지만, 그 연구는 누구보다도 자신에게 가장 중요한 것이었다. 그는 수십 년 동안 자신이 직접 만든 장비로 하늘을 관측하며 별들의 지도를 만들었고, 자신의 연구에 쓸 목적으로 자세한 기록을 해 왔다. 그런데 갑자기 뉴턴이 그 모든 자료를 내놓으라고 요구했다. 그는 플램스티드에게 모든 자료를 누구나 이용할 수 있게 공개하라고 지시했는데, 플램스티드는 최대한 오래 버티며 그 지시를 따르지 않았다. 이 때문에 플램스티드는 난처한 처지에 놓였다. 다른 회원들이 볼 때에는 플램스티드가 고의로 회장의 위대한 연구를 방해하는 것처럼 보였기 때문이다.

결국 뉴턴은 비열한 술수를 쓰기로 했다. 앤 여왕의 남편인 조지는 천재는 아니었지만, 평소에 천문학에 큰 관심을 표시했다. 뉴턴은 조지에게 완전한 성도를 만드는 일을 총괄하게 했는데, 왕립 천문대장인 플램스티드는 이를 거부할 수 없었다.

불쌍한 플램스티드는 평생 동안 애써 모은 자료를 푼돈을 받고 넘기라는 명령을 받았지만 온갖 방법을 동원해 그것을 넘겨주지 않으려고 애썼다. 그렇게 7년 동안이나 뉴턴의 요구를 물리치는 데 성공했지만, 결국엔 오랜 적인 핼리가 자신의 모든 연구 자료를 편집하고 출판하는 일을 맡게 되었다! 플램스티드가 평생 동안 수집한 자료는 400부의 책으로 출판되어 원하는 사람은 누구나 이용할 수 있었다.

그뿐만이 아니었다. 뉴턴은 《프린키피아》 개정판을 내면서 플램스티드의 자료를 많이 사용했으면서도 이전에 실려 있던 그의 이름까지 모조리 지워 버렸다. 이 사례는 뉴턴의 성격이 얼마나 고약한지 잘 보여 준다. 정작 자신의 연구는 꼭꼭 숨겨 두면서 플램스티드가 평생을 바쳐 얻은 귀중한 자료는 아무나 그냥 쓰게 공개해 버린 것이다. 아무 대가도 지불하지 않고, 심지어 감사의 표시조차도 없이! 이보다 더 비열할 수가 있을까?

플램스티드는 소심한 복수로 만족할 수밖에 없었다. 몇 년 뒤에 자신의 책을 대부분 살 수 있는 기회를 얻은 플램스티드는 그 책들을 모두 사서 왕립 천문대 마당에 쌓아 놓았다.

뉴턴이 쓴 이상한 책

뉴턴은 70대가 되어서도 여전히 왕립 학회와 조폐국 일을 하면서(물론 가끔 위폐범을 교수대로 보내면서) 바쁘게 지냈다. 라이프니츠는 또다시 아주 어려운 문제를 내어 뉴턴을 궁지에 빠뜨리려고 했지만, 저번처럼 뉴턴은 딱 하룻밤 만에 그것을 풀고는 아침이 되자 평상시대로 일을 하러 갔다. 뉴턴은 종교에 관한 글도 사람들이 긍정적으로 받아들일 수 있도록 고쳐 쓰려고 했지만 그것은 실패했다.(뉴턴은 죽기 몇 주일 전에 많은 양의 종이를 불태웠다. 그는 그것을 조폐국에서 가져온 따분한 문서들이라고 말했지만, 여러분은 그 말이 곧이곧대로 들리는가? 그것은 아무에게도 보여 주고 싶지 않았던 수상한 글이었을 가능성이 높다.) 어쨌거나 뉴턴의 삶은 별 탈 없이 잘 굴러갔다. 다소 혼란스러운 책 두 권을 쓴 걸 제외한다면 말이다.

《고대 왕국 연대기 수정판》

애호가들에게만 눈길을 끌 것 같은 이 책 제목은 뉴턴이 고대 역사의 사건들이 정확하게 언제 일어났는지 추적했다는 것을 말해 준다. 기본 개념은 상당히 그럴듯했다. 세월의 흐름에 따라 밤하늘에 나타나는 별들과 행성들의 패턴이 규칙적으로 변한다는 관측 사실을 바탕으로 했기 때문이다. 고대 기록에는 하늘에 대한 묘사도 많이 나오는데, 뉴턴은 그 묘사를 단서로 그 이야기가 만들어진 때를 추정할 수 있다고 생각했다.(예를 들어 그리스 신화에 나오는 이아손과 아르고 호 원정대 이야기는 기원전 937년에 일어났다고 계산했다. 그런데 이것은 사람들이 생각하던 것보다 훨씬 나중의 시기에 해당한다.) 뉴턴은 특히 《구약 성경》에 나오는 모세 같은 사람의 이야기에 큰 관심을 보였는데, 고대 이스라엘 왕국이 최초의 문명이며, 그리스와 로마 문명을 비롯해 다른 문명들은 그 뒤에 이스라엘 왕국의 문명을 모방해 일어났다고 주장했다.

그렇지만 애석하게도 연대기는 천문학과 성경과 수학이 아주 혼란스럽게 뒤섞인 것이기 때문에, 아무도 그것을 제대로 이해할 수 없었다. 뉴턴이 마지막으로 쓴 책 역시 그보다 낫지 않았다.

《다니엘서와 요한 묵시록의 예언에 관해》
 이 책 역시 그다지 큰 관심을 끄는 제목은 아닌데, 뉴턴이 50년 동안 해 온 성경 연구를 바탕으로 쓴 아주 따분한 책이다. 이 책에서 가장 흥미로운 사실은 뉴턴이 세계가 2132년에 멸망한다고 계산한 것이다. 그러니 일기에 꼭 적어 놓도록!
 이 두 책은 모두 아주 괴상한 책이어서 그가 죽고 나서야 출판되었다.

뉴턴이 얻은 마지막 답

뉴턴은 운이 아주 좋은 사람이었다. 그 시대에 살았던 사람들과 달리 80대까지도 건강하게 살았으니까. 그렇지만 어느 날 갑자기 건강이 나빠지기 시작해 조카딸 캐서린과 그 남편인 존 콘듀이트의 보살핌을 받았다. 콘듀이트는 나중에 뉴턴의 삶을 자세히 조사해 글로 남겼는데, 오늘날 우리가 뉴턴에 대해 많이 알게 된 데에는 콘듀이트의 공이 크다.

뉴턴은 죽을 때까지 정신만큼은 생생했는데, 한번은 힘든 몸을 이끌고 비틀거리는 걸음으로 교회로 갔다. 누가 태워다 주겠다고 말하자, 뉴턴은 씩 웃으면서 "아직 다리가 있으니 다리를 써야지."라고 대답했다고 한다.

그렇지만 얼마 지나지 않아 1727년 3월 20일 새벽에 운명의 순간이 찾아왔다.

　그것은 뉴턴이 평생 동안 내내 생각한 흥미로운 질문이었다. 죽기 전에 사제가 왔지만, 뉴턴은 마지막 축복을 거부했다. 이제 그의 믿음이 누구의 기분을 상하게 하거나 혹은 그 때문에 자신이 어려운 처지에 빠질 일은 없었다. 뉴턴에게 죽음은 가장 큰 의문에 대한 궁극적인 답을 얻을 수 있는 마지막 실험이었을 것이다. 그 의문이란 이런 것이었다.
　"신은 어디에 있는가?"

뉴턴 이후

뉴턴의 시신은 1727년 4월 4일 성대한 장례식을 거쳐 웨스트민스터 사원에 묻혔지만, 그의 연구는 영원히 살아남았다.

그렇다면 그는 모든 것을 제대로 알아냈을까? 그 답은 '그렇다'라고 말할 수 있다.

음, 어쩌면 모든 것이라고는 말할 수 없을지 모른다. 그렇지만 뉴턴이 우리가 이해하고 있던 과학과 우주를 완전히 바꿔 놓은 것을 생각한다면, 그 뒤에 뉴턴의 이론이 약간 수정된 것은 아무것도 아니다. 실제로 뉴턴이 죽고 나서 약 300년이 흐르는 동안 우리가 뉴턴의 이론에서 찾아낸 오류는 극히 사소한 것 몇 가지뿐이다. 그중 하나는 빛이 아주 작은 입자로 이루어져 있다는 주장이다.

물론 그랬겠지요. 그렇지만 그것 역시 추측이었을 뿐이에요. 사실 두 사람 다 증거와 확신을 갖고 주장했던 것은 아니지요. 그러니 이제 그만 무덤으로 돌아가시죠!

오늘날 우리는 빛이 파동의 일종인 전자기 복사라는 사실을 알고 있다. 그렇다면 드디어 이번만큼은 훅이 옳고 뉴턴이 틀린 것일까? 한동안은 그렇게 생각했다. 그러나 오늘날 과학자들은 빛이 파동인 동시에 입자라고 말한다. 이 이야기를 자세히 설명하고 싶지만, 뉴턴의 이야기를 하느라 책 한 권을 거의 다 썼는데 이제 와서 이 이야기를 하기에는 너무 늦은 것 같다. 그러니 그런 이론을 '양자론'이라고 한다는 것만 알고 넘어가기로 하자.

뉴턴의 이론 중에서 또 한 가지 정확하지 않은 것은 $F = ma$라는 공식이다. 또 다른 불세출의 천재가 나와 그것을 고치기까지는 200년 이상이 걸렸다. 알베르트 아인슈타인은 물체가 빛의 속도로 달릴 때 어떤 일이 일어나는지 생각한 끝에, 그 조건에서는 $F = ma$가 성립하지 않는다는 사실을 발견했다. 대신에 이 방정식은 다음과 같이 수정해야 한다.

$$F = \frac{ma}{\left(1 - \frac{v^2}{c^2}\right)^{\frac{3}{2}}}$$

(여기서 v는 물체의 속도, c는 빛의 속도이다.)

그렇지만 이것은 물체가 빛의 속도에 가까운 속도로 달릴 때에만 적용될 뿐, 우리가 살아가는 일상 생활에서는 뉴턴의 공식이 완벽하게 성립한다.

앨리스 퇴장

앨리스가 사과를 떨어뜨리고 나서 울즈소프의 정원에는 155번의 여름이 지나갔다. 앨리스의 가지 아래에서 많은 세대의 자손들이 자라나고 다른 곳으로 옮겨 가 다시 그 자손들을 퍼뜨렸다.

앨리스는 늘 자신의 씨 중에서 어떤 것들이 적절한 장소를 찾아 뿌리를 내리고 사과나무로 커 갔는지 궁금했다. 설사 자신의 씨 중에서 살아남은 게 없더라도, 다른 사과나무의 씨가 살아남아 자연의 순환은 계속될 것이다. 최근에 들어 앨리스의 껍질은 딱딱해지기 시작했고, 습기 때문에 생긴 질병이 몸속까지 파고들었다. 앨리스는 이제 자신도 떠나야 할 때가 되었구나 하고 생각했다. 그러던 어느 가을날 아침, 앨리스는 희미해져 가는 의식 속에서 자신의 밑동을 파고드는 도끼 날을 어렴풋하게 느꼈다. 고통스럽지도 않았고, 아무런 미련도 없었다. 세상에 태어나 자신이 해야 할 일은 다했으니까. 아니, 오히려 그 이상의 일을 했으니까.

앗, 시리즈 (전 70권)

수많은 교사와 학생들이 한눈에 반한 책.

전 세계 2천만 독자의 인기를 독차지한 〈앗, 시리즈〉는 수학에서부터 과학, 사회, 역사까지, 공부와 재미를 둘 다 잡은 똑똑한 학습교양서입니다.

수학
- 01 수학이 모두 모여 수군수군
- 02 수학이 수리수리 마술이
- 03 수학이 수군수군
- 04 수학이 또 수군수군
- 05 수학이 자꾸 수군수군 1. 셈
- 06 수학이 자꾸 수군수군 2. 분수
- 07 수학이 자꾸 수군수군 3. 확률
- 08 수학이 자꾸 수군수군 4. 측정
- 09 대수와 방정맞은 방정식
- 10 도형이 도리도리
- 11 섬뜩섬뜩 삼각법
- 12 이상야릇 수의 세계
- 13 수학 공식이 꼬물꼬물
- 14 수학이 꿈틀꿈틀

과학
- 15 물리가 물렁물렁
- 16 화학이 화끈화끈
- 17 우주가 우왕좌왕
- 18 구석구석 인체 탐험
- 19 식물이 시끌시끌
- 20 벌레가 벌렁벌렁
- 21 동물이 뒹굴뒹굴
- 22 화산이 왈칵왈칵
- 23 소리가 속닥속닥
- 24 진화가 진짜진짜
- 25 꼬르륵 뱃속여행
- 26 두뇌가 뒤죽박죽
- 27 번들번들 빛나리
- 28 전기가 찌릿찌릿
- 29 과학자는 괴로워?
- 30 공룡이 용용 죽겠지
- 31 질병이 지끈지끈
- 32 지진이 우르쾅쾅
- 33 오싹오싹 무서운 독
- 34 에너지가 불끈불끈
- 35 태양계가 티격태격
- 36 튼튼탄탄 내 몸 관리
- 37 똑딱똑딱 시간 여행
- 38 미생물이 미끌미끌
- 39 의학이 으악으악
- 40 노발대발 야생동물
- 41 뜨끈뜨끈 지구 온난화
- 42 생각번뜩 아인슈타인
- 43 과학 천재 아이작 뉴턴
- 44 소름 돋는 과학 퀴즈

사회 · 역사
- 45 바다가 바글바글
- 46 강물이 꾸물꾸물
- 47 폭풍이 푸하푸하
- 48 사막이 바싹바싹
- 49 높은 산이 아찔아찔
- 50 호수가 넘실넘실
- 51 오들오들 남극북극
- 52 우글우글 열대우림
- 53 올록볼록 올림픽
- 54 와글와글 월드컵
- 55 파고 파헤치는 고고학
- 56 이왕이면 이집트
- 57 그럴싸한 그리스
- 58 모든 길은 로마로
- 59 아슬아슬 아스텍
- 60 잉카가 이크이크
- 61 들썩들썩 석기 시대
- 62 어두컴컴 중세 시대
- 63 쿵쿵쾅쾅 제1차 세계 대전
- 64 쾅쾅탕탕 제2차 세계 대전
- 65 야심만만 알렉산더
- 66 위풍당당 엘리자베스 1세
- 67 위엄가득 빅토리아 여왕
- 68 비밀의 왕 투탕카멘
- 69 최강 여왕 클레오파트라
- 70 만능 천재 레오나르도 다 빈치

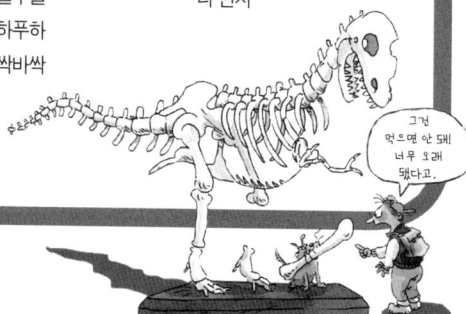